다양한 문화를 꽃피운 고려 ❷

고려는 어떻게 세계 최초로 금속 활자를 만들었나요?

글 박종진·전경숙

다섯수레

고려는 어떻게 세계 최초로 금속 활자를 만들었나요?

처음 펴낸 날 | 2012년 11월 5일
개정판 펴낸 날 | 2021년 6월 15일

지은이 | 박종진, 전경숙
그린이 | 문종인

펴낸이 | 김태진
펴낸곳 | 다섯수레
주소 | 경기도 파주시 문발동 파주출판도시
　　　500-12 (우 413-832)
전화 | 02)3142-6611 (서울 사무소)
팩스 | 02)3142-6615
홈페이지 | www.daseossure.co.kr
등록번호 | 제 3-213호
등록일자 | 1988년 10월 13일

인쇄 | (주)로얄프로세스
제본 | (주)책다움

ⓒ 박종진, 전경숙 2012

ISBN 978-89-7478-369-3 74910
ISBN 978-89-7478-029-6 (세트)

이 책을 쓴 박종진 선생님은 서울대학교 국사학과 대학원에서 박사 학위를 받았습니다. 현재 숙명여자대학교 역사문화학과 교수로 계시면서 고려 왕조의 도읍 개경과 지방 제도를 중심으로 연구하고 계십니다. 《고려 시기 재정 운영과 조세 제도》《고려 500년 서울 개경의 생활사(공저)》《고려의 황도 개경(공저)》을 쓰셨습니다.

전경숙 선생님은 숙명여자대학교 한국사학과 대학원에서 고려 전기 군사 기구 연구로 박사 학위를 받았습니다. 현재 숙명여자대학교 다문화통합연구소 중세고고학 연구원으로 계십니다. 《한국인의 생활사(공저)》《일상으로 보는 한국 역사(공저)》를 쓰셨습니다.

그림을 그린 문종인 선생님은 《물고기는 왜 항상 눈을 뜨고 있나요?》《발해를 왜 해동성국이라고 했나요?》 등에 그림을 그렸습니다.

기획 | 김경회, 정헌경, 전은희
마케팅 | 박희준
제작관리 | 송정선
디자인 | 한지혜

차례

4　고려 사람들은 평등했나요?

4　어떤 사람들이 노비가 되었나요?

5　농민들은 어떻게 살았나요?

6　고려 사람들도 세금을 냈나요?

6　고려에도 화폐가 있었나요?

7　고려 사람들은 어디에서 물건을 사고팔았나요?

8　고려의 혼인 풍속은 지금과 같았나요?

8　고려에서는 누구에게 재산을 물려주었나요?

9　고려 최고의 축제는 무엇이었나요?

10　고려 사람들은 무엇을 즐겨 먹었나요?

10　고려 사람들은 별식으로 무엇을 먹었나요?

11　고려 사람들은 어떤 그릇에 음식을 담았나요?

12　고려 사람들은 어떤 집에 살았나요?

12　고려 집의 특징은 무엇인가요?

13　지금도 고려 시대에 지은 집이 있나요?

14　고려에서는 어떤 옷을 입었나요?

14　고려에는 어떤 옷감이 있었나요?

15　고려의 왕족과 귀족은 어떤 옷을 입었나요?

16　고려의 금속 공예품에는 어떤 것이 있나요?

17 은입사 기술로 장식한 공예품에는 어떤 것이 있나요?
18 고려 시대에도 천문 관측을 했나요?
18 고려에서는 어떻게 장례를 치렀나요?
19 고려에도 병원이 있었나요?
20 고려의 인쇄술은 어떻게 발전할 수 있었나요?
20 고려가 좋은 종이를 만든 비결은 무엇인가요?
21 《직지심체요절》은 어떻게 세계기록유산에 올랐나요?
21 고려는 어떻게 세계 최초로 금속 활자를 만들었나요?
22 고려는 왜 '팔만대장경'을 만들었나요?
23 '팔만대장경판'은 어떻게 세계기록유산이 되었나요?
24 왕이 되려 했던 귀족은 누구인가요?
24 이자겸의 난이란 무엇인가요?
25 무신들은 왜 난을 일으켰나요?
25 무신 정권은 얼마나 계속되었나요?
26 고려의 무신 정권을 대표하는 사람은 누구인가요?

26 최씨 가문은 어떻게 60년이 넘게 권력을 누렸나요?
27 무신 정권 아래서 일반 백성들은 어떻게 살았나요?
27 노비 만적은 왜 난을 일으켰나요?
28 고려의 이웃에는 어떤 나라들이 있었나요?
28 거란은 왜 세 번이나 고려에 쳐들어왔나요?
29 강감찬 장군은 왜 유명한가요?
29 윤관 장군은 어떻게 여진을 물리쳤나요?
30 몽골은 왜 고려에 쳐들어왔나요?
30 고려는 왜 강화도로 도읍을 옮겼나요?
31 삼별초는 왜 저항했나요?
32 고려는 왜 원나라의 부마국이 되었나요?
32 원나라는 고려에 무엇을 요구했나요?
33 공민왕은 원나라에 어떻게 대응했나요?
34 고려는 어떻게 멸망하게 되나요?
34 이성계는 왜 위화도에서 군사를 돌렸나요?
35 고려가 망한 후 충신들은 어떻게 되었나요?
35 고려를 알려면 어떻게 해야 하나요?

36 우리 역사상 처음으로 진정한 통일 국가를 이룬 고려
40 다양한 문화를 꽃피운 고려 ❶ 차례

고려 사람들은 평등했나요?

고려 사람들은 관직에 나아갈 수 있는 '양인'과 그렇지 못한 '천인'으로 나뉘었어요. 양인에는 왕족과 문벌 귀족, 향리와 학생뿐만 아니라 군인, 농민, 상인, 기술자처럼 생업에 종사하는 일반 백성들도 포함되었어요. 그래서 같은 양인이라도 신분의 차이가 컸지요. 문벌 귀족은 여러 대에 걸쳐 높은 관직을 차지한 명문가 사람들이었어요. 지위가 높거나 공을 세운 귀족은 '공음전'이라는 토지를 받아 자손 대대로 물려주었지요. 반면에 천인은 천한 대우를 받는 노비, 광대, 양수척 같은 사람들이었어요.

고려 귀족의 풍요로운 생활
고려의 귀족들은 높은 관직을 차지하고, 화려한 기와집에서 노비를 부리며 풍요로운 생활을 했어요. 〈아집도〉 부분. 삼성미술관 리움 소장.

어떤 사람들이 노비가 되었나요?

보통은 전쟁 포로, 반역하다가 적발된 사람이나 자손, 빚을 갚지 못한 사람이 노비가 되었어요. 실제로는 부모가 노비여서 노비가 된 경우가 대부분이었어요. 고려에서는 부모 중 한 명이라도 천인이면 그 자손은 천인 곧 노비가 되었기 때문이에요. 노비는 매우 중요한 재산이어서 가격이 정해졌고 노비 소유자는 노비를 자손에게 물려줄 수 있었어요. 새로 태어난 노비의 소유권은 어머니 노비의 주인이 가졌어요. 노비는 대부분 주인과 같이 살았지만, 따로 사는 노비는 가정을 이루고 재산을 모을 수 있었어요.

농민들은 어떻게 살았나요?

고려의 백성들은 대부분 농사를 지으면서 살아가는 농민들이었어요. 고려에서는 군인이나 지방 관리처럼 나라의 특정한 일을 하는 사람들을 '정호'라고 했는데, 농민들은 그런 일을 하지 않는다는 뜻에서 '백정'이라 불렀어요. 고려의 '백정'인 일반 농민은 땅을 가질 수 있었고, 자기 땅에서 농사짓고 살면서 해마다 수확량의 일부를 국가나 국가가 정해 준 관리에게 바쳤어요.

정도사지 5층 석탑
이 탑은 경북 칠곡군에 있던 탑인데 고려 현종 22년(1031)에 세워졌어요. 이 탑에서 나온 문서에 탑을 세우게 된 경위와 함께 고려 시대의 지방 제도와 운영, 토지 대장의 모습, 노동력 징발의 실태와 관련된 내용이 씌어 있어 고려 사회사 연구에 중요한 자료가 된다고 합니다.

고려 농민의 삶을 보여 주는 이규보의 시

힘들여 농사지어 군자를 봉양하니 / 그들을 일컬어 농부라 하네.
알몸을 얇은 베옷으로 가리고는 / 매일같이 얼마만큼 땅을 갈았던가!
벼 싹이 겨우 파릇파릇 돋아나면 / 고생스럽게 호미로 김을 매지.
풍년 들어 많은 곡식 거두어도 / 한갓 관청 것밖에 되지 않는다오.
어쩌지 못하고 모조리 빼앗겨 / 하나도 소유하지 못하고
땅을 파서 풀을 캐 먹다가 / 굶주림에 지쳐 쓰러진다오.
－《국역 동국이상국집》

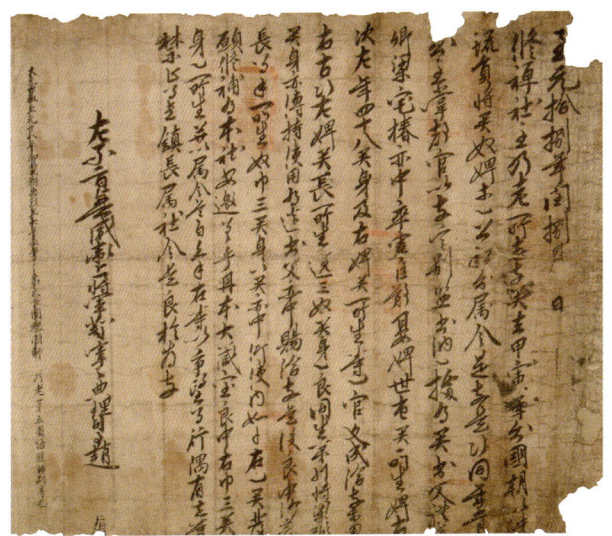

절에도 노비가 있었음을 알려 주는 송광사 노비 문서
우리나라에서 가장 오래된 노비 문서예요. 송광사의 주지 스님 원오가 아버지로부터 물려받은 노비를 수선사의 대장경을 지키기 위해 절에 바친다는 내용이 적혀 있어요. 순천 송광사 소장.

불화 〈미륵하생경변상도〉에서 보는 고려 농민의 모습
이 그림에서 농민들은 타작하고 나서 땅에 떨어진 곡식을 비로 쓸어 담기도 하고, 추수한 곡식을 나르기도 하면서 열심히 일하고 있어요.

고려 사람들도 세금을 냈나요?

고려 시대의 백성들도 나라에 세금을 냈어요. 하지만 지금과는 다른 방식이었지요. 고려에서 백성들이 내는 조세에는 물건으로 내는 것과 노동력을 바치는 것이 있었어요. 우선 농사지은 사람이 해마다 수확량의 일부를 내는 '전세'와 자기 지역의 특산물을 바치는 '공물' 같이 물건을 내는 방식이 있었지요. 공물의 종류와 양은 고을에서 나는 특산물의 종류와 고을의 규모, 경제력에 따라 정해졌어요. 또 나라에서 필요할 때 아무 대가 없이 공사에 동원되어 일해야 하기도 했는데 이는 '요역' 이라고 해요. 16세 이상의 남자들이 요역의 징발 대상이 되었어요. 궁궐이나 관청을 짓고 고치는 일, 길을 만드는 일에는 많은 노동력이 필요했어요. 그래서 도읍 개경이나 대도시 주변에 사는 백성들이 더 많은 요역을 부담했어요.

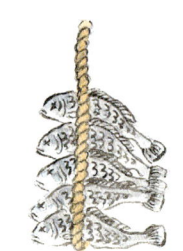
특산물을 바치는 '공물'

토지 수확량의 일부를 내는 '전세'

노동력을 바치는 '요역'

고려에도 화폐가 있었나요?

농업이 경제의 기본이었던 고려에서는 쌀이나 베가 돈을 대신했어요. 고려 성종 때 철전(건원중보)을 만들고 숙종 때 동전(해동통보)을 만들기는 했지만 널리 쓰이지 못했어요. 전체 백성들이 사용할 만큼 화폐를 많이 만들지 않았기 때문이지요. 백성들은 생활에 필요한 물건을 직접 생산하거나 가까운 곳에서 구해 왔기 때문에 화폐보다는 일상생활에서 쓸 수 있는 쌀이나 베를 더 중요하게 여겼어요. 은 한 근으로 만든 '은병'은 고액 화폐여서 주로 귀족들 사이에서 거래되거나 뇌물을 주고받는 데 많이 이용되었어요. 고려의 마지막 왕인 공양왕 때에는 우리나라 최초의 지폐인 '저화'가 만들어지기도 했어요.

우리나라 최초의 화폐 '건원중보'
성종 때 쇠붙이로 만든 철전인 건원중보가 우리나라 화폐의 시작이었어요.

우리나라 최초의 동전 '해동통보'
1102년에 고려 숙종의 명으로 주조한 동전으로 앞면에만 '해동통보'라 새겼어요. '해동'은 우리나라를 뜻해요. 고려 정부는 그해에 해동통보 1만 5000냥을 관리와 군인들에게 나누어 주면서 동전의 유통을 위해 노력했다고 합니다.

우리나라의 지형을 본떠 만든 '은병'
고려 숙종 때인 1101년에 만들어졌어요. 은병의 발행에는 학자 스님인 대각국사 의천의 의견이 큰 역할을 했다고 해요. 의천은 송나라에 다녀온 뒤 화폐의 유통을 강하게 주장했다고 합니다.

고려 사람들은 어디에서 물건을 사고팔았나요?

고려의 도읍 개경(개성)에는 커다란 십자가 모양의 길이 동서남북으로 뻗어 있었습니다. 특히 궁궐의 남쪽으로 뻗은 남대가는 고려에서 가장 번화한 거리로, 가게들이 양옆으로 죽 늘어서 있었어요. 기름을 파는 유시, 종이를 파는 저시, 말을 파는 마시, 돼지를 파는 저전, 차를 파는 다점, 술을 파는 주점, 만두를 파는 쌍화점에 이르기까지 다양한 가게가 들어차 있었지요. 고려 사람들은 쌀과 베를 가지고 와서 주로 채소와 과일, 땔감 같은 생활필수품을 샀습니다.

조선 후기 그림에 그려진 개경 남대가
이 그림은 조선 후기 문인이자 서화가였던 강세황이 고려의 도읍이었던 송도* 일대를 여행하고 그린 〈송도기행첩〉의 일부입니다. 그림 아래쪽 남대문에서 광화문 동쪽의 관청 거리 앞까지 위로 뻗은 큰길이 고려 시대의 시장 거리인 남대가입니다. 길 양쪽에 가게들이 즐비하게 늘어서 있지요. 국립중앙박물관 소장.
* 송도는 고려 이전에 사용한 개경의 옛 이름이지요.

개경 남대가의 시장 풍경
개경의 시장에서는 귀족들이 찾는 사치품은 물론 일반 백성들이 쓰는 생활필수품도 사고팔았어요. 송나라, 아라비아 상인들까지 진귀한 물건을 가져와서 한때 개경에서는 구하지 못하는 물건이 없다고 할 정도였지요.

고려의 혼인 풍속은 지금과 같았나요?

고려 시대에는 남자들이 처가살이를 했어요. 혼례를 치르고 나면 신랑이 신부의 집에서 살았어요. 그러다 보니 아내의 힘도 무시할 수 없었고, 처가나 외가도 중요하게 생각했지요. 고려의 유물 '이승장 묘지명'에는 재혼한 여인이 전 남편 아들에 대한 교육에 부정적인 새 남편을 설득해 결국 아들이 사교육을 받도록 한 내용이 담겨 있어요. 또 일부일처제도 지켜졌어요. 그러나 오랜 전쟁으로 남자들이 많이 죽게 되자 한 남자가 여러 명의 아내를 두는 몽골의 일부다처제 풍습을 고려에서도 받아들이자는 의견이 나타났어요.

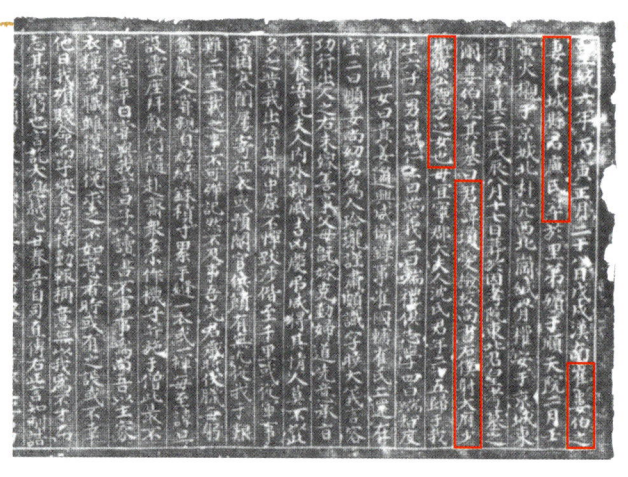

이름 석 자를 분명하게 남긴 고려 여인 염경애의 묘지명
아내를 잃은 남편이 묘지석에 새긴 이 글을 통해 고려 여인의 이름과 삶을 알 수 있어요. "최루백의 처 봉성현군 염씨가 세상을 떠났다. 아내의 이름은 '경애'로 검교상서 우복야 대부소경 염덕방의 딸이다"라고 적힌 내용을 확인할 수 있어요.

고려에서는 누구에게 재산을 물려주었나요?

고려에서는 아들딸을 구별하지 않고 똑같이 재산을 물려주었어요. 부모님이 돌아가신 후 공평하게 재산을 나누지 않으면 사람들이 비난을 했고, 재산을 똑같이 물려받는 것이 법으로도 인정되었어요. 여자가 재산을 물려받고 나서 혼인을 해도 자기 재산으로 인정받았어요. 권리뿐 아니라 의무도 아들과 딸이 똑같이 나누어 가졌어요. 부모님을 모시는 일도 똑같이 하고, 제사도 아들딸이 번갈아 지냈지요. 고려 시대에는 족보에도 태어난 순서대로 자녀의 이름을 적었고, 사위와 외손까지 기록했어요.

고려 시대에 남매가 재산을 똑같이 나누어 받은 재판 이야기
고려 시대에 한 남매의 아버지가 죽으면서, 누나에게 모든 재산을 물려주고 남동생에게는 검은 옷 한 벌, 검은 갓 하나, 미투리 한 켤레, 종이 한 장만을 남겼다고 해요. 마을의 원님인 손변은 남매의 아버지의 마음을 헤아릴 수 있었어요. 재산을 모두 물려받은 누나가 남동생을 잘 보살피고, 나중에 남동생이 유산으로 받은 옷과 갓을 갖추고 종이에 탄원서를 써서 관가에 재판을 신청하기를 바랐던 것이지요. 손변은 남매에게 재산을 똑같이 나누도록 판결을 내렸다고 해요. 《고려사》에 기록된 이 이야기는 고려 시대에 남녀가 똑같이 재산을 상속받았다는 사실을 알려 주고 있어요.

고려 최고의 축제는 무엇이었나요?

고려 최고의 축제는 팔관회와 연등회였어요. 고려 태조가 '훈요십조'에서 팔관회와 연등회를 임금과 신하가 함께 즐기는 행사로 치르기를 당부한 데서 비롯되었지요. 연등회는 어둠을 밝히는 등불을 바치는 순수한 불교 행사였어요. 팔관회는 하늘의 신과 명산대천의 용신에게 제사를 올리는 행사로, 왕과 태자뿐 아니라 중앙과 큰 고을의 관리도 참가한 전국적인 축제였어요. 불교의 테두리 안에서 민간 신앙을 받아들인 행사로 해마다 11월 보름에 열렸어요. 팔관회는 송나라 상인을 비롯하여 여진족 추장과 탐라의 대표도 참가하는 고려 중심의 국제적인 의례였지요. 고려는 한때 자체적인 연호를 사용한 황제의 나라이기도 해서 팔관회를 '황제의 축제'라고도 했어요.

오늘날까지 이어지는 연등회
고려에서 2월 14일과 15일 이틀 동안 열린 연등회 때에는 첫날 왕이 개경에 있는 봉은사에 가서 태조의 영정에 제사 지내는 것이 가장 중요한 행사였어요. 사진은 오늘날 송광사에 걸린 연등입니다. ⓒ박종진

황제의 축제 팔관회
팔관회에 참석한 사람들은 차례로 왕에게 축하 인사를 드리고 선물을 바친 후 왕이 내리는 하사품을 받았어요. 그러고는 연회에 참가하여 술과 다과를 먹으면서 공연을 보았어요.

고려 사람들은 무엇을 즐겨 먹었나요?

우리 밥상의 국과 밥은 고려 시대부터 상차림의 기본이었어요. 고려에서는 도시와 농촌 어디에서나 집 근처에 빈 터가 있으면 채소를 심었어요. 곡식을 심고 남은 논이나 밭둑에도 채소를 심을 정도로 채소 농사를 많이 지었어요. 고려 시대 문장가 이규보의 시에는 오이, 가지, 순무 같은 다양한 채소와 파, 마늘, 생강 같은 양념감도 등장해요. 채소뿐 아니라 배, 복숭아, 포도, 밤, 대추 같은 과일도 즐겨 먹었다고 합니다. 닭이나 오리 같은 가축을 길러 고기도 먹었어요. 그러나 소나 말은 중요한 가축으로 여겨 함부로 죽이는 것을 금했어요. 소나 양, 돼지는 국가 제사의 제물로 사용했습니다.

고려 사람들은 별식으로 무엇을 먹었나요?

고려에서는 별식으로 만두, 국수, 팥죽을 먹었다고 해요. 만두는 곡물인 밀가루와 단백질이 많은 고기가 만나는 이상적인 음식으로 휴대하기도 쉬워 북방 초원의 유목민들이 즐겨 먹었다고 해요. 원나라 간섭기에 고려의 귀족들이 몽골의 풍속을 숭상했기 때문에 만두는 제사 음식이나 특별한 사람들이 먹는 음식이었어요. 요즘도 서울 이북의 지방에서 설날에 만두를 빚어 떡국과 함께 먹는 풍습은 고려 시대에 시작된 것이지요.

쇠솥
아궁이가 있는 재래식 부엌에서 볼 수 있던 솥이에요. 고려 11~12세기 것으로 익산 미륵사 터에서 나왔어요. 국립전주박물관 소장.

청주 사뇌사 터에서 출토된 고려 시대 맷돌
국립청주박물관 소장.

사뇌사 터에서 출토된 쇠솥(아래)과 쇠단지(위)
《고려도경》에 "쇠로 만든 솥으로 위에 뚜껑이 있고 바닥에 3개의 다리가 있는 것은 죽을 쑤는 솥이라 한다"라는 기록이 있어요. 이에 비해 쇠단지에는 다리가 4개 붙어 있어요. 국립청주박물관 소장.

소줏고리
소줏고리는 소주를 내리는 재래식 증류기예요. 지금도 재래식으로 소주를 내릴 때 소줏고리를 쓰고 있어요. 안동 소주는 원나라가 일본 정벌을 준비하는 동안 경상북도 안동에 주둔하고 있던 몽골 병사들에 의해 고려에 전해졌다고 해요.

고려 사람들은 어떤 그릇에 음식을 담았나요?

지금 남아 있는 고려 시대의 그릇은 주로 자기이고, 은제 그릇도 있어요. 자기는 매끄럽고 광택이 아름다우며 물을 흡수하지 않아 물을 담거나 국이나 반찬 같은 음식을 담기에 좋았어요. 상류층에서 사용한 세련된 그릇은 물론 일반 서민들이 사용한 실용적인 그릇도 다양하게 만들어졌어요. 강진과 부안에서는 왕실이나 문벌 귀족들이 사용한 최고급 청자가 주로 생산되었지만 두 곳 외에도 여러 지역에서 생산되어 인근 지역에 보급되었다고 해요.

뚜껑 달린 대접과 받침 세트
연꽃 봉오리 장식을 한 은수저까지 완벽하게 남아 있는 이 청자 그릇은 아마도 왕족들의 식탁에나 오를 수 있었던 고려의 그릇이지요. 국보 220호. 삼성미술관 리움 소장.

은잔과 잔 받침
국립중앙박물관 소장.

표주박 모양의 은잔
국립중앙박물관 소장.

● 불교와 함께 들어온 차 문화는 아름다운 찻잔을 만들어 냈어요. '은잔과 잔 받침'은 막 피어난 꽃봉오리 모양에 무늬를 음각과 돋을새김 기법으로 새겼어요. 손잡이가 달린 '표주박 모양의 은잔'도 은판을 두들겨 같은 기법으로 입체적인 모양과 화려함을 표현하고 있어요.

인종의 능에서 나온 은 숟가락과 젓가락
국립중앙박물관 소장.

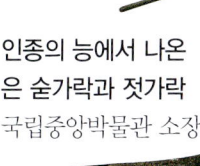

동으로 된 숟가락
버들잎 모양의 몸체에 S자 모양으로 휘어지는 자루가 이어졌고 끝 부분은 제비 꼬리 모양으로 갈라져 있어요. 고려의 전형적인 숟가락 모양이라고 합니다. 국립중앙박물관 소장.

인종의 무덤에 넣었던 뚜껑 있는 청자 잔
국립중앙박물관 소장.

청자 대접
연꽃무늬 받침잔과 함께 비안도 해저에서 건져 올린 유물로 꾸밈이나 장식이 없어도 그 자체의 소박하고 우아한 아름다움이 정감을 느끼게 하는 실용 청자 그릇입니다.
국립해양문화재연구소 소장.

덮개 달린 주발
덮개를 접시로 써도 되는 한 쌍의 그릇이지요. 받침 턱도 낮고 좁아서 그릇으로 쓰기 좋게 되어 있어요. 이자겸에 맞섰던 고려 중기의 문신 문공유의 묘에서 출토된 그릇이라고 해요. 일본 동양도자미술관 소장.

연꽃잎을 겹으로 둘러 돋을새김을 한 청자 잔
잔을 들면 마치 연꽃을 받쳐 든 느낌이겠지요? 소박하면서도 정감 있는 이 잔은 군산 앞바다 비안도 해저에서 건져 올렸어요.
국립해양문화재연구소 소장.

청자 연꽃 넝쿨 무늬 접시
고려 12세기 것으로 군산 비안도 해저에서 출토되었어요.
국립해양문화재연구소 소장.

고려 사람들은 어떤 집에 살았나요?

고려에서는 여성과 남성의 생활 공간이 구분되지 않았어요. 그리고 쪽구들이라 하여 방 일부에만 온돌을 놓았어요. 방에는 고구려 고분 벽화에 그려진 것처럼 침대와 탁자를 놓았고, 집 안의 온도를 유지하기 위해 창문은 열기 어렵게 만들어졌어요.

열기 어렵게 고정된 고려 시대 집의 창문
이 집은 고려 건축의 양식이 남아 있는 맹씨 행단의 고택으로 고려 말 최영 장군의 아버지가 지었고 최영 장군도 한때 살았다고 전해지는 집이에요. 촘촘한 창살과 열기 어렵게 고정된 창문을 비롯해 고려의 집 모양이 비교적 잘 남아 있어요. ⓒ박종진

높고 웅장하게 지은 고려의 집
불화 〈관경십육관변상도〉에 그려진 고려의 2층 기와집이에요. 당시 고려의 궁궐이나 절의 모습이라고 생각됩니다. 사방이 기둥과 창문으로 둘러져 있고, 장식이 화려한 기와지붕은 부석사의 무량수전에서 보이는 팔작지붕을 하고 있어요.

고려 집의 특징은 무엇인가요?

고려 시대의 건축은 주로 왕궁이나 사찰을 통해서 알 수 있어요. 우선 경사진 곳에 층계식으로 지어 외관을 높고 웅장하게 보이게 한 특징이 있어요. 또한 건물에 안정감을 주기 위해 기둥의 중간을 굵게 하고 위아래로 가면서 점차 가늘어지는 배흘림 양식을 사용했어요. 고려 시대에는 맞배지붕에 주심포 양식을 주로 사용했어요. 조선 초기 이후에는 우진각지붕, 팔작지붕에 다포 양식으로 변화했어요.

무량수전의 배흘림기둥과 촘촘한 창살(왼쪽)
배흘림기둥은 기둥 가운데를 굵게 하여 안정감을 느끼게 하는 효과가 있다고 해요.

봉정사 극락전의 주심포 건물(오른쪽)
경북 안동에 있는 봉정사는 우리나라에서 가장 오래된 목조 건물로 주심포집이에요. 주심포는 기둥 위에만 공포를 올리는데 이후 공포를 기둥 사이에도 넣어 여러 개의 공포를 장식하는 다포 형식이 절이나 궁에서 많이 사용되었어요.

지금도 고려 시대에 지은 집이 있나요?

나무로 지은 고려 시대의 집은 오랜 세월이 지나는 동안 대부분 불에 타 없어졌어요. 지금 남아 있는 고려 시대의 집은 대부분 절집으로 13세기 이후에 지어진 건물이에요. 부석사 무량수전과 수덕사 대웅전, 봉정사 극락전이 고려 시대에 지어진 목조 건축물이지요. 특히 부석사 무량수전은 우리나라 최고의 목조 건축물로 꼽히고 있어요.

수덕사 대웅전의 옆면
수덕사 대웅전은 다른 건물과의 양식 차이를 통해 건립 연대(1308년)를 정확하게 알 수 있는 귀중한 건물이라고 해요. 건물의 바깥 모양은 부재가 다 큼직하고 굵어서 안정감이 있고, 맞배지붕에 주심포 양식 기둥, 4칸으로 된 옆면은 특히 아름다워 우리나라 옛 건축을 대표할 만한 뛰어난 건물이라고 합니다. ⓒ박종진

팔작지붕의 예
맞배지붕 옆면에 지붕을 달아 집 옆면의 약점을 보완한 지붕으로 앞뒤 지붕면이 만나는 옆면에 삼각 모양의 합각이 있어요. 팔작지붕은 위엄이 있어 궁궐이나 사찰의 중심 건물에 많이 사용했어요. 부석사 무량수전의 지붕 옆모습.

맞배지붕의 예
지붕 앞뒤에 지붕면이 있는 지붕으로 책을 엎어 놓은 모양이지요. 수덕사 대웅전의 지붕 옆모습.

우리나라 최고의 목조 건축물로 꼽히는 부석사 무량수전
경북 영주에 있는 부석사의 본전으로 고려 건축의 특징을 보여 주는 중요한 건물입니다. 배흘림이 많은 기둥머리에 처마를 받쳐 주는 공법으로 짜인 공포를 올려 주심포집의 기본 양식을 잘 보여 주고 있어요. 1916년에 해체 수리할 때 발견된 기록에 따르면 현재의 무량수전은 1376년에 다시 지은 것이라고 해요. 따라서 무량수전은 그보다 훨씬 전에 처음 지어진 것을 알 수 있어요.

고려에서는 어떤 옷을 입었나요?

고려 시대 백성들의 옷은 삼국 시대의 옷과 비슷했어요. 흰옷을 많이 입었는데 남자들은 긴 저고리에 바지를 입었고, 여자들은 긴 저고리에 허리춤에 잔주름을 넣어 자연스럽게 퍼진 긴 치마를 입었습니다. 저고리가 길어서 띠를 둘러맸지요. 왕족과 귀족들도 편한 시간을 보낼 때에는 이런 형태의 옷을 즐겨 입었어요. 그러다가 원나라의 간섭을 받던 시기에 몽골의 영향으로 저고리가 짧아지면서 옷고름이 생겨나 오늘날 입는 한복의 형태를 갖추게 되었어요.

긴 저고리 위로 치마를 둘러 입은 고려 여인
머리에 꽃 장식을 하고 엷은 갈색의 저고리를 치마 속에 넣어 입고 어깨에는 '표의'라는 천을 두르고 있어요. 13~14세기에 그려진 것으로 보이는 이 여인의 옷은 고려 평민의 옷이라고 해요. 거창 둔마리 고분 벽화의 주악천녀상.

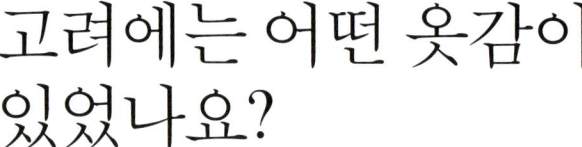

고려 여인의 옷
흰 치마 위에 붉은색 저고리를 입었어요. 저고리에 천을 덧댄 부분은 오늘날 저고리의 섶이 된 것 같아요. 밀양 박익 묘의 벽화 부분.

고려 남자의 옷
몽골풍의 모자인 '발립'을 쓰고 옷깃이 둥근 흰색의 '단령포'를 입고 있어요. 밀양 박익 묘의 벽화 부분.

고려에는 어떤 옷감이 있었나요?

고려에서는 삼베, 모시, 비단으로 옷을 만들어 입었어요. 삼베나 모시는 겨울의 추위를 이겨 내기 어려운 옷감이었지요. 그런데 목화씨가 전해지면서 목화솜으로 실을 내서 옷감을 짜 옷을 만들어 입게 되었어요. 목화 실로 짠 무명은 촉감도 부드럽고 땀도 잘 흡수되는 옷감이지요. 목화솜을 넣어 옷을 만들면 따뜻해서 추위도 거뜬히 막을 수 있었지요. 가격도 싸서 백성들에게는 안성맞춤이었어요.

의생활의 혁신을 가져온 목화
문익점이 원나라에서 붓 뚜껑 속에 목화씨를 숨겨 몰래 가져왔다는 이야기가 전해집니다.
ⓒ박종진

금박으로 장식한 비단옷을 입은 여인
석가모니가 불교의 교의를 이야기해 주는 법회에서 두 손을 모으고 열심히 듣고 있는 고려 귀부인이에요. 머리 꾸밈새도 화려하지요. 불화 〈미륵하생경변상도〉 부분.

원나라 간섭기에 유행한 '철릭'
철릭은 저고리와 주름치마를 연결한 형태의 옷이에요. 합천 해인사 비로자나불 속에서 나온 이 옷은 앞뒤 허리 부분에 여러 줄의 요선(허리선)이 있어서 '요선철릭'이라고 합니다. 앞자락 안쪽에 당시 15세였던 송부개라는 아이가 오래 살기를 기원하는 글이 쓰여 있어요. 해인사 소장.

고려 왕비의 옷
고려 불화 〈관경서분변상도〉에 나오는 이 왕비는 붉은색 비단에 무늬가 있는 옷을 입고 있어요. 왕비는 머리를 틀어 올려 붉은색 비단으로 묶고, 어깨에는 녹색의 넓은 표의를 두르고 있어요. 허리에는 '늑건'이라는 넓은 천을 두르고 나머지는 긴 치맛자락 위에 드리우고 있어요.

고려의 왕족과 귀족은 어떤 옷을 입었나요?

왕은 하는 일에 따라 옷을 바꾸어 입었어요. 하늘이나 땅, 조상에게 제사를 지낼 때는 제복(祭服), 관료들을 만날 때는 조복(朝服), 다른 나라에서 온 사신을 만날 때는 공복(公服), 평소에 정치를 할 때는 상복(常服)을 입었어요. 왕비는 붉은 비단에 그림을 그리거나 금실과 은실로 수를 놓은 대홍의를 입었어요. 원나라의 간섭기에 원나라 공주들이 시집오면서부터 왕비들은 꽃무늬를 수놓은 비단옷이나 진주로 장식한 비단옷 등 몽골풍의 옷을 입었어요. 관료들도 국왕과 마찬가지로 참여하는 행사에 따라 제복, 공복, 상복을 바꾸어 입었어요. 관료들의 옷은 지위의 높낮이에 따라 자주색, 붉은색, 진홍색, 녹색의 4색으로 구별되어 있었어요.

고려 귀부인의 옷
이 여인은 붉은색 꽃무늬 치마 위로 연노란색 저고리를 입었어요. 소매 밖으로 흰색의 속옷이 보여요. 저고리가 짧고 머리는 위로 크게 올렸어요.
일본 대덕사 소장 〈수월관음도〉 부분.

고려 왕의 평상복
소탈하지만 비단옷을 입고 있어요. 고려 불화 〈관경변상도〉에 나오는 왕의 모습이에요.

고려의 금속 공예품에는 어떤 것이 있나요?

고려 시대에는 불교가 융성하고 귀족 사회가 번창하면서 금속 공예가 발달했어요. 불교 의식에 필요한 범종이나 공양구, 그리고 화려한 귀족 사회에서 사용된 청동 거울이 많이 만들어졌어요. 고려에서 생산되는 구리는 품질이 좋기로 유명했어요. 고려 사람들은 이렇게 좋은 구리를 가지고 여러 가지 무늬를 정교하게 새긴 청동 거울을 만들었어요. 고려에서 생산된 좋은 구리와 뛰어난 금속 공예 기술은 세계 최초의 금속 활자 발명으로 이어졌어요.

고려를 대표하는 거울
뒷면에 용과 나무, 기와를 얹은 전각(집)이 새겨져 있어 '용수전각문경'이라고 하는 동으로 만든 거울이에요. 전각을 감싸듯 뻗어 나간 소나무 가지를 배경으로 용이 헤엄치는 냇물과 저편에 앉아 있는 귀부인을 향해 다리를 건너고 있는 인물 등이 새겨진 거울은 우리나라에서만 발견되기 때문에 고려 시대의 대표적인 거울이라고 합니다.
국립중앙박물관 소장.

용머리 보당의 머리 장식

용머리 보당
절에서 기도나 법회 의식이 있을 때 '당'이라는 깃발을 달아 두는 높은 기둥을 '보당'이라고 해요. 보당의 머리 장식을 용머리로 갖춘 모습이 세련된 공예미를 보여 줍니다. 이 용머리 보당은 고려 공예품의 대표작이라 해요.
국보 136호. 삼성미술관 리움 소장.

하회탈 '부네'와 '노승'
경상북도 안동의 하회마을과 병산마을에 전해 내려오는 하회탈과 병산탈은 고려 시대에 만들어졌다고 합니다. 우리나라에서 가장 오래된 가면극인 별신굿 놀이에는 모두 12개의 탈을 썼다고 해요. '부네' 탈은 가늘게 뜬 눈과 눈썹, 그리고 작은 입을 표현하고 코를 길게, 얼굴은 달걀처럼 만들어 한국 여성의 얼굴을 잘 나타내고 있어요. 눈은 좌우 대칭 같으면서도 한쪽이 조금 짧고, 코끝에서 좌우로 그은 활 모양 주름이 있어서 빛이 들어오는 방향에 따라 이 여성의 얼굴이 웃기도 하고 심각한 표정을 짓기도 한다는군요. '노승' 탈은 이마에 혹이 나 있고 주먹 같은 코, 움직일 수 있게 따로 만들어 붙인 큼직한 턱이 사람 좋은 스님의 성품을 나타내고 있어요. 왼쪽 눈을 오른쪽 눈보다 조금 아래에 조각했기 때문에 얼굴에서 끊임없는 움직임과 변화가 느껴진다고 해요. 장대한 얼굴의 생김새와 조각 기법에서 고려인들의 예술가로서의 잠재적 능력을 엿볼 수 있지요.

부네
노승

은입사 기술로 장식한 공예품에는 어떤 것이 있나요?

고려 시대에는 청동기의 표면을 파내고 실처럼 만든 은을 채워 무늬를 장식하는 은입사 기술이 발달했어요. 은입사로 용을 비롯한 다양한 무늬를 새긴 청동 향로, 버드나무가 있는 물가의 풍경을 새긴 청동 정병이 유명하지요.

연꽃 봉오리 모양 청동 향로
손으로 받쳐 드는 손잡이 향로로 연잎과 가지를 아름답게 조형화했어요. 국립중앙박물관 소장(위). 불화 〈석가삼존과 16나한도〉에도 같은 모양의 향로를 들고 가는 나한의 모습이 보입니다. 삼성미술관 리움 소장(아래).

불상을 상징하는 범(梵) 자 문양을 은상감한 향로
몸통 바깥 면에 '범' 자를 같은 간격으로 상감하고 굽 둘레에는 꿈틀거리는 용과 여의두문을 상감했어요. 은입사 기술이 매우 세련되었고, 몸통 둘레 뒷면에 은입사로 쓴 글에서 고려 명종 7년(1177)에 제작되었다는 글귀가 새겨져 있어 더 중요한 유물이라고 해요. 국보 75호. 경남 밀양 표충사 소장.

물가 풍경 무늬 정병
이 정병은 그릇 모양을 이룬 아름다운 선과 입사 기법으로 무늬를 넣은 세련된 조형미로 손꼽히는 불교 공예품입니다. 늦가을에 서 있는 수양버들, 한가로이 헤엄치는 오리들, 하늘을 나는 기러기 떼를 한 폭의 그림처럼 표현하고 있어요. 은상감 기법이 매우 정교하고, 병 전체에 고운 배경을 이룬 청록색의 문양들을 한층 선명하게 합니다. 정병은 공양을 드릴 때 사용하는 도구인 공양구의 하나로 부처님 앞에 깨끗한 물을 바치는 의식에 사용되었어요. 국보 92호. 국립중앙박물관 소장.

신라 종의 꼭대기 장식과 달리 여의주를 물고 고개를 들어 올린 모습

가장 오래된 고려 시대 범종인 천흥사 종
고려 시대의 대표적인 범종으로, 고려인들의 놀라운 금속 주조 기술을 보여 줍니다. 신라 범종을 계승하고 있지만, 몸체에 새긴 위패 모양의 장식은 고려 시대에 새로 나타난 형식이에요. 이 위패 모양 장식 속에 양각된 글귀를 통해 현종 원년(1010)에 주조된 것임을 알 수 있어요. 국보 280호. 국립중앙박물관 소장.

고려 시대에도 천문 관측을 했나요?

고려의 궁터인 만월대의 서쪽에는 높이 3미터가량의 첨성대가 남아 있어요. 첨성대는 고려 시대에도 천문 관측을 중요하게 여겼다는 것을 알려 줍니다. 고려 시대에는 가장 중요한 산업인 농업을 발전시키기 위해 날씨나 계절의 변화를 조사하고 연구할 필요가 있었어요. 또한 고려 사람들은 왕이 정치를 잘못하면 가뭄, 홍수, 지진 같은 자연재해가 있거나 일식, 월식, 혜성이 나타난다고 믿었어요. 그래서 하늘의 움직임에 큰 관심을 기울였고, '사천대'라는 국립 천문 기관을 설치하여 천문 관측을 담당하게 했어요.

개성에 남아 있는 고려의 첨성대
지금은 기둥만 남아 있으나 고려 시대에 천문을 관측하던 유적이에요. 《고려사》'천문지'에는 고려 475년 동안에 일어난 일식과 월식을 비롯하여 혜성, 유성, 운석 등의 천문 관측 기록이 《삼국사기》보다 훨씬 많이 있어요.

고려에서는 어떻게 장례를 치렀나요?

고려 시대에는 신분에 따라 사람이 죽었을 때 대하는 예법이 달랐어요. 왕은 '자궁'이라는 관에 시신을 담아 땅에 묻고 성대한 분묘를 만들었어요. 관리들과 일반 백성들은 불교의 영향을 받아 화장을 주로 했어요. 관리들은 화장한 후 남은 뼈를 석관에 담아 무덤을 만들어 묻었어요. 그러나 가난한 백성들은 화장한 후 남은 뼈를 관도 없이 구덩이에 묻기도 했어요. 고려 말에 유학자들이 화장은 시신을 불에 태워 훼손하는 일이라고 비판하면서 점차 시신을 그대로 무덤에 묻게 되었습니다.

사신도를 새긴 고려 시대의 석관
관 뚜껑의 바깥 면에는 하늘을 나는 선인과 꽃을, 안쪽에는 북두칠성을 새겼어요. 바깥 옆면에는 청룡, 백호, 현무, 주작을 돋을새김하고 여백에는 구름무늬를 듬성듬성 새겨 사방을 지키는 하늘의 신으로 삼았어요. 이런 상자 모양의 석관은 화장된 유골의 매장용으로 사용되었어요. 강화도 외포리 고분에서 출토된 이 석관 안에는 청자로 된 그릇과 유골이 함께 들어 있었어요. 국립중앙박물관 소장.

고려에도 병원이 있었나요?

고려 시대에는 의학책이 나올 정도로 의학이 발전했어요. 고려 의학은 송나라나 원나라와의 교류, 서역 상인들과의 약재 교환 등을 통해 발전해 갔어요. 나라에 '태의감'이라는 기관을 두어 의료 관련 일을 담당하고 의료에 종사할 사람도 길러 냈어요. 궁 안에는 '상약국'을 두어 왕족의 치료를 담당하는 어의를 두었어요. 일반 백성들을 위해서는 개경에 동서대비원, 혜민국, 제위보 등의 의료 기관을 두었고, 지방에도 의사를 파견하고 약점을 설치했어요. 하지만 의료 기관과 의사가 너무 적어서 일반 백성들은 아플 때 승려나 무당에 의지하는 경우가 많았어요.

은으로 된 약 합
고려 사람들이 환약을 넣어 지니고 다녔던 휴대용 약통이지요.

고려 시대의 의학책
지금 남아 있지는 않지만, 조선 세종 때 나온 《향약집성방》에 인용된 약 처방을 통해 고려 사람 김영석이 쓴 《제중입효방》과 최종준이 쓴 《신집어의촬요방》이라는 의학책이 있었다는 것을 알 수 있어요. 우리나라에서 나는 약재로 만든 향약이 많이 개발되면서 1236년 무렵에는 《향약구급방》 상, 중, 하 3권 1책이 간행되었어요.

《향약구급방》
민간약을 전수해 온 전문가들이 우리나라에서 나는 약재로 구급약을 쉽게 만들 수 있도록 약 처방을 정리한 책이에요. 이 책은 강화에서 대장경판을 판각하던 대장도감에서 간행되었는데, 지금은 일본 궁내청 서릉부에 보관되어 있다고 합니다.

'상약국'이 새겨진 청자 약 합
고려 궁 안에 두었던 의료 기관인 '상약국'이라는 글자가 음각된 청자 합이에요. 약재를 담아 두던 그릇에 글이 새겨진 경우는 보기 드물다고 해요. 뚜껑 윗면에 음각된 용무늬와 구름무늬가 정교하고 아름답지요.

고려의 침통
한방 의료 기구인 침을 넣어 두던 통이에요. 은으로 만든 것에 금을 입혔어요.

목판으로 찍은 초조대장경
이 인쇄본은 초조대장경본 가운데 하나인 《대보적경》 권59예요. 여러 불교 경전 가운데 중요한 불경만을 모아 49회로 엮은 책입니다. 초조대장경의 목판은 없어졌지만 그 목판으로 인쇄한 책들은 우리나라와 일본에 남아 있어요. 국보 246호. 국립중앙박물관 소장.

고려의 인쇄술은 어떻게 발전할 수 있었나요?

고려 문화 중 특히 발달한 것이 출판문화였어요. 북방 민족들의 침입이 잦아지자 고려는 나라의 안정을 얻으려고 세 차례에 걸쳐 방대한 대장경을 간행했어요. 목판 인쇄로 현종 때 초조대장경, 숙종 때 속장경을 간행한 데 이어 고종 38년(1251)에는 몽골의 침입을 물리치기 위해 팔만대장경을 완성했지요. 숙종 때부터는 '서적포'라는 출판 담당 전문 기관을 두어 책을 만들었다고 해요.

고려가 좋은 종이를 만든 비결은 무엇인가요?

고려는 인쇄술이 발달했을 뿐 아니라 종이의 질도 좋기로 유명했어요. 중국 사람들이 좋은 종이를 보면 "고려 종이 같다"고 할 정도로 품질을 인정받았어요. 최초로 종이를 만든 중국 후한에서는 나무껍질이나 마 같은 것을 원료로 종이를 만들었는데, 표면이 거칠어서 글씨를 예쁘게 쓸 수가 없었어요. 그런데 고려는 닥나무를 원료로 종이를 만들었어요. 닥나무로 종이를 만들면 빛깔도 희고 표면도 매끄러워 글씨를 쓰거나 인쇄하기에 적당했지요.

초조대장경과 속장경은 무엇인가요?

1011년 고려 8대 현종 때 거란이 침입하자 임시 기구인 '도감'을 설치하여 그동안 전해 오던 여러 불교 관련 책을 참고해서 13대 선종까지 77년에 걸쳐 '초조대장경'을 완성했어요. 초조대장경에는 《대반야경》, 《화엄경》, 《금광명경》 등을 새긴 경판이 6천여 권이었다고 해요. 그 후 대각국사 의천이 송나라에서 들여온 불교 관련 서적과 흩어져 있던 불교 서적을 모아 '속장경'을 만들었는데 대부분 불에 타 없어지고 일부만 남아 있어요. 초조대장경은 일본에, 속장경은 순천 송광사, 일본 등지에 흩어져 몇 권씩 남아 있어요.

《직지심체요절》은 어떻게 세계기록유산에 올랐나요?

금속 활자는 고려가 세계에서 처음으로 만들어서 사용했어요. 고려 우왕 때인 1377년에 인쇄된 《직지심체요절》은 1972년에 유네스코가 지정한 '세계 도서의 해'에 출품되어 세계에서 가장 오래된 금속 활자본으로 공인된 책이지요. 이 책은 고려 말에 국사였던 백운 스님이 선불교에서 내려오는 여러 이야기를 모아 만든 책이라고 해요. 이 《직지심체요절》이 2001년에 세계기록유산에 올랐어요.

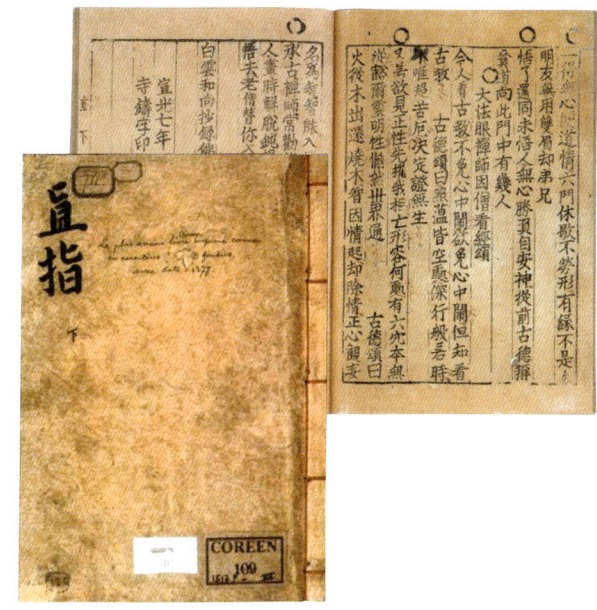

《직지심체요절》
이 책은 원래 상, 하 두 권으로 되어 있는데 지금은 하권 한 권만 남아 있어요. 이 책은 조선 고종 때 초대 프랑스 공사를 지낸 콜랭 드 플랑시라는 사람이 수집해 간 것으로 지금은 프랑스 국립도서관에 소장되어 있어요.

고려 시대의 금속 활자

'복' 자를 새긴 활자는 개성의 한 고려 무덤에서 출토되었어요. 개성 만월대 터 근처에서 출토된 '전' 자를 새긴 활자와 함께 고려의 발달된 인쇄 문화를 알게 하는 유물이지요. 고려는 일찍부터 목판을 이용하여 인쇄를 했지만, 목판은 한 권의 책을 내는 데 많은 시간과 비용이 필요할 뿐 아니라 보관하기도 어려웠어요. 반면에 금속 활자는 한 번 만들어 필요할 때마다 판을 다시 짜서 서로 다른 종류의 책을 인쇄할 수 있는 장점이 있지요.

'복(複)' 자를 새긴 금속 활자
글자 면의 최대 길이는 가로 1.07센티미터, 세로 1.17센티미터예요. 뒷면은 원형으로 오목하게 들어가 있어요.

'전(顚)' 자를 새긴 금속 활자
글자 면이 평평하고 닳아 있어서 실제 사용했을 가능성이 높아요.

고려는 어떻게 세계 최초로 금속 활자를 만들었나요?

고려는 아주 섬세한 금속 공예품을 만들어 낸 솜씨로 일찍부터 금속 활자도 만들어 낼 수 있었어요. 금속 활자로 처음 찍어 낸 책은 고려 중기의 학자 최윤의가 1234년에 펴낸 《상정고금예문》이에요. 이 사실은 고려 후기의 학자 이규보가 쓴 《동국이상국집》에 기록되어 전해지고 있어요. 이는 1437년에 독일의 구텐베르크가 펴낸 성서 금속 활자본보다 약 200년이나 앞선다고 해요. 인쇄술은 종이, 화약, 나침반과 함께 세계 4대 발명품 중 하나예요.

고려는 왜 '팔만대장경'을 만들었나요?

고려는 북쪽에 있던 거란, 여진, 몽골의 침입으로 늘 전쟁에 시달렸어요. 불교 국가였던 고려는 부처에 대한 믿음으로 나라의 안전을 지키려고 대장경을 만들기 시작했어요. 거란이 침입했을 때 만들었던 초조대장경이 몽골군의 침입으로 불타 없어지자 1236년 고종 때 '대장도감'이라는 기관을 두고 16년에 걸쳐 다시 대장경을 완성했어요. 이 대장경의 판이 81,258장이어서 '팔만대장경'이라고 해요. 지금 해인사에 보관되어 있는 경판이지요.

세계기록유산에 오른 해인사 팔만대장경판

팔만대장경은 초조대장경에서 잘못된 것을 바로잡고, 빠진 것을 보완했으며 초조대장경에 없었던 불교 관련 서적들을 보완했어요. 일본에서는 이것을 참고본으로 하여 '축쇄장경'을 만들었다고 해요. 팔만대장경을 새긴 해인사 대장경판 한 장의 크기는 세로 24센티미터 내외, 가로 69.6센티미터 내외, 두께 2.6~3.9센티미터인데 나무로 된 경판이 뒤틀리지 않도록 양끝에 마구리를 붙였어요. 마구리는 손잡이 역할도 하고, 글씨를 새긴 경판들을 쌓을 때 서로 부딪쳐 글씨가 손상되는 것을 예방하는 역할도 한다고 해요. 경판을 만든 나무는 남해 지방에서 나는 후박나무인데 지금도 보존 상태가 좋아요. 경판에 새겨져 있는 글자 한 자 한 자는 늠름하고 정교하여 고려 시대 판각의 우수함을 보여 주고 있어요.

장경판전 내부

장경판을 꽂아 놓은 실내는 판가가 과학적으로 배치되어 있어 경판 사이에 공기가 흐르고 서가 전체에 통풍이 잘되도록 되어 있어요. 판전 내부 흙바닥 속에는 숯과 횟가루, 소금이 모래와 함께 차례로 들어가 있지요. 이러한 흙바닥이 실내 습도가 높을 때는 습기를 빨아들이고, 건조할 때는 습기를 내뿜어, 자연적으로 습도를 조절한다고 해요. 그래서 경판의 변형을 줄이고 해충의 침입을 막는다고 하는군요.

세계문화유산에 오른 장경판전 수다라장과 법보전

팔만대장경판이 보관된 해인사 장경판전은 정면 15칸이나 되는 큰 건물 두 동이 남, 북쪽에 동서로 길게 나란히 배치되어 있어요. 남쪽 건물이 수다라장(사진에서 왼쪽), 북쪽의 건물이 법보전이고, 동서쪽에 작은 규모의 동서 판고가 있어요.

장경판전 외부

'팔만대장경'은 어떻게 세계기록유산이 되었나요?

팔만대장경의 경판 한 장에는 한 줄에 14자씩 23줄의 부처님 말씀이 새겨져 있어요. 이 경판 모두에 새겨진 글자가 수천만 자나 된다고 해요. 그런데도 빠지거나 잘못된 부분이 없어 2007년에 유네스코가 지정하는 세계 기록유산에 오르는 좋은 평가를 받았어요. 한편 대장경판을 보관하고 있는 해인사 장경판전도 1995년 세계문화유산에 올랐어요. 통풍과 온도, 습도가 자연적으로 조절되어 경판을 500여 년 동안 보존해 온 과학 기술을 인정받았기 때문이지요.

세계문화유산이란?

세계문화유산이 되려면 역사적·과학적·예술적으로 보아 세계적 가치를 지니는 건축물이거나, 고고 유적으로 세계적 가치를 지니는 문화 지역이어야 해요. 건축물, 성곽, 탑, 동굴에는 이집트의 누비아 유적과 피라미드 지역, 그리스 아테네의 아크로폴리스, 인더스 문명의 발상지인 파키스탄의 모헨조다로 고고 유적, 마야 문명 유적인 페루 안데스 산맥의 마추픽추, 중국의 만리장성과 둔황 천불동, 인도의 아잔타 석굴, 이탈리아 피사의 두오모 광장, 선사 시대 유적지인 에스파냐의 알타미라 동굴 등이 포함되어 있어요.

장경판전 뒤창살문(왼쪽)

건물 뒤(북쪽)에는 위는 크게, 아래는 작게 창을 냈어요. 반면 건물 앞(남쪽)에는 큰 창을 아래에 두었지요. 건물 뒤편 산에서 내려오는 건조한 공기가 위의 큰 뒤창살문을 통해 들어와요. 습기가 어느 정도 조절되어 들어온 공기는 실내 한바퀴를 돌아 고루 퍼진 후 맞은편 남쪽 벽 아래에 있는 큰 앞창살문을 통해 밖으로 잘 빠져나도록 했어요. 실내에는 항상 공기의 흐름이 있어 자연적으로 온도, 습도, 통풍이 조절되고 있지요.

장경판전 앞창살문(오른쪽)

앞면의 아래 창을 크게 낸 이유가 통풍뿐만은 아니에요. 벽을 따라 비워 둔 앞쪽 공간에서 경판을 종이에 찍어 내는 인경 작업이 이뤄지는데 충분한 빛을 확보하기 위해서라고 해요.

왕이 되려 했던 귀족은 누구인가요?

경원 이씨 집안의 이자겸은 과거를 보지 않고 음서로 벼슬길에 올랐어요. 그 후 이자겸은 둘째 딸이 예종과 혼인하고 태자를 낳으면서 세력을 잡았어요. 예종이 세상을 뜨자 이자겸은 14세의 어린 태자를 인종으로 즉위시키고, 셋째 딸과 넷째 딸을 강제로 인종과 혼인시켰어요. 그러고는 외할아버지이자 장인이라는 관계를 내세워 왕처럼 막강한 권력을 휘둘렀지요.

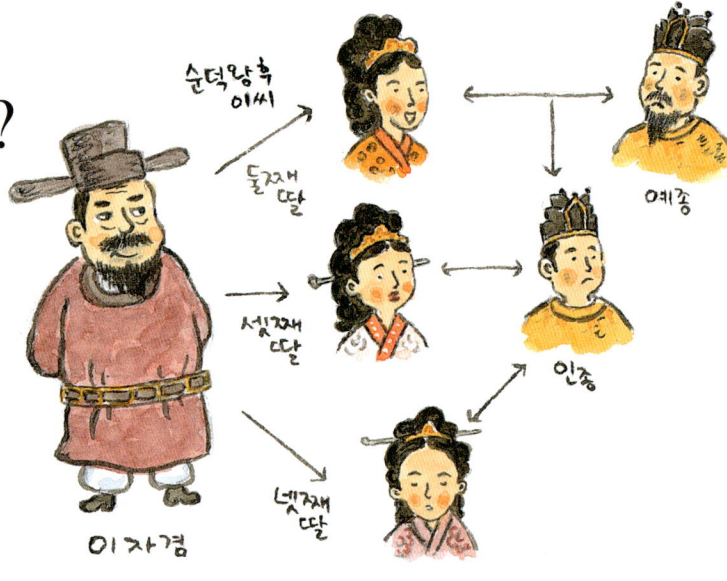

딸 셋을 왕에게 시집보낸 이자겸
경원 이씨 집안은 고려 11대 문종으로부터 17대 인종까지 10명의 왕비와 후궁을 배출한 대표적인 외척 가문입니다. 이자겸은 다섯 명의 딸 중 세 딸을 왕에게 시집보내 당시 최고의 권력을 손에 쥐었어요.

이자겸의 난이란 무엇인가요?

이자겸의 할아버지 이자연의 묘지명(부분)
이 묘지명에는 이자연의 일생과 집안 내력이 기록되어 있어요. 이자연은 현종 때 과거에 급제한 뒤 문종 때 문하시중 자리에 올랐어요. 세 딸을 문종과 혼인시켰는데 그중 인예태후가 순종, 선종, 숙종을 낳았어요. 국립중앙박물관 소장.

이자겸의 권세가 하늘을 찌르자 신하들은 어린 왕보다 이자겸의 눈치를 보게 되었어요. 《고려사》에 "사방에서 뇌물로 바치는 물건이 넘쳐 썩은 고기가 항상 수만 근이었다"라고 전해질 만큼 이자겸은 부정한 방법으로 재물을 모으면서 호사스러운 생활을 했다고 합니다. 인종은 이자겸 세력을 제거하려 했지만, 이자겸의 권세를 등에 업고 승승장구하던 무신 척준경이 군사를 이끌고 궁궐을 공격했어요. 궁궐은 불타고 인종은 이자겸의 집에 감금되고 말았지요. 1126년에 일어난 이 사건이 바로 '이자겸의 난'입니다. 사태가 급박해지자 인종은 왕위를 이자겸에게 넘기겠다는 조서를 내리기까지 했어요. 이자겸은 주변의 반발이 두려워 눈물을 머금고 사양했지만, 이후 마음 놓고 인종을 압박하면서 나라의 모든 일을 관리하게 되었어요. 그러나 인종은 척준경을 구슬려 이자겸을 처단하고, 왕후였던 이자겸의 딸들도 쫓아냈어요.

무신들은 왜 난을 일으켰나요?

가장 큰 이유는 문신과의 차별 대우였지요. 고려는 나라가 안정되어 가면서 문신을 중심으로 정치를 해 나갔어요. 무신들은 아무리 뛰어나도 3품 이상에 오르지 못했고 군대의 최고 지휘권마저 문신들이 장악했어요. 더구나 왕실과의 혼인을 통해 등장한 외척 세력과 소수의 귀족들에게 권력이 집중되면서 무신들에 대한 차별은 더욱 심해졌지요. 이에 불만을 품은 무신들은 복수할 기회를 노리게 되지요. 결국 18대 의종 때 정중부, 이의방을 중심으로 무신 정변이 일어나 의종을 폐하고 명종을 왕으로 세웠어요.

공민왕릉의 무신석
ⓒ박종진

개심사지 5층 석탑 기단에 새겨진 고려 초 무인의 모습

정중부의 난은 어떻게 일어났나요?

정중부의 난은 풍류를 좋아한 의종이 보현원에서 문신들과 시를 짓고 노래를 부르며 잔치를 벌이던 자리에서 일어났어요. 의종이 호위를 맡은 무신들을 달래 주려고 맨손을 써서 무예를 겨루는 수박 겨루기를 하게 했는데, 대장군 이소응이 젊은 무사에게 지자 정5품인 문신 한뢰가 대장군 이소응의 뺨을 때리는 일이 벌어졌어요. 왕과 문신들이 한뢰를 혼내기는커녕 손뼉을 치며 즐거워하자 이에 분노한 무신 정중부, 이의방, 이고와 군인 이의민이 분노하여 난을 일으켰어요. 무신들은 의종을 내쫓은 뒤 의종의 동생 명종을 왕위에 올려 정권을 잡게 됩니다.

무신 정권은 얼마나 계속되었나요?

1170년에 일어난 무신 정변을 계기로 집권한 무신 정권은 1270년까지 100년 동안이나 계속되었어요. 이의방, 정중부, 경대승, 이의민의 뒤를 이어 최충헌이 권력을 잡으면서 최씨 정권이 이어졌어요. 최씨 정권은 국가의 공식적인 관직을 차지하고 막강한 권력을 행사했어요. 몽골의 침입으로 어려움을 겪으면서 최씨 정권은 최충헌, 최우, 최항, 최의 4대가 집권하게 되지요. 1258년에 김준이 최의를 죽이고 새로운 무신 정권을 열었지만 권력은 최씨 정권기보다 약했어요. 정권은 임연과 그의 아들 임유무에게 이어지지만 권력도 약하고 원나라의 압력까지 겹쳐 무너지게 되었습니다.

고려의 무신 정권을 대표하는 사람은 누구인가요?

최충헌은 무신 정권기에 60년 넘게 권력을 누린 최씨 정권을 연 사람이에요. 최충헌은 아버지와 할아버지, 장인 모두 상장군을 지낸 당시 최고의 무인 가문 출신으로, 여느 무인과는 달리 학문적인 소양도 갖추고 있었다고 해요. 그는 음서의 혜택으로 벼슬길에 올라 문신의 길을 걷고 있었지요. 그러나 무인 출신이기 때문에 낮은 관직에 만족해야 했어요. 무신들의 권력 다툼을 지켜보던 최충헌은 당시의 집권자인 이의민을 베고 최고 권력자의 자리에 앉게 됩니다.

최충헌의 일대기를 적은 묘지명
최충헌은 이의민을 죽이고 '봉사10조'라는 개혁안을 명종에게 올렸지만, 정권을 잡은 후에는 다른 무신 권력자처럼 높은 관직을 독차지하고 재산을 늘렸어요. 일본 국립박물관 소장.

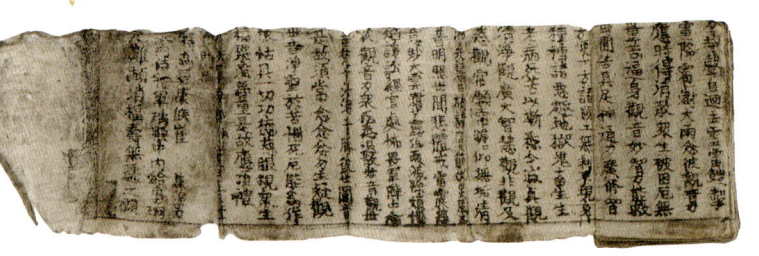 

최충헌 가족을 위한 호신용 경전과 경갑
최충헌과 그의 두 아들 최우, 최항을 위해 만든 불경과 경갑이에요. 최충헌의 가족은 호신용 불경을 화려한 경갑에 넣어 끈으로 매어 차고 다녔던 것으로 보입니다.
국립중앙박물관 소장.

최씨 가문은 어떻게 60년이 넘게 권력을 누렸나요?

최충헌은 명종을 비롯해 네 명의 왕을 마음대로 바꾸며 왕보다 높은 지위와 권력을 차지했어요. 3천 명이 넘는 호위병을 거느렸고, 나랏일도 자신의 집에서 처리했어요. '교정도감'이라는 기구도 설치하여 반대 세력을 감시하고 처벌했지요. 최충헌은 권력을 아들 최우에게 물려주었어요. 최우는 아버지보다 더 많은 호위병을 두고, 자신의 집에 '정방'을 설치하여 이부와 병부에서 담당했던 문무 관리 등용 업무를 처리했어요. 또한 유능한 학자들을 모아 정치적 자문을 구하는 '서방'이라는 기관도 두어 권력을 튼튼하게 다졌어요. 이후 권력은 최항, 최의로 이어지며 4대 60여 년이나 최씨 정권이 계속되었습니다.

강화 석릉과 그 앞의 돌사람
고려 21대 희종의 능입니다. 희종은 아버지 신종을 이어 최충헌에 의해 왕이 되었지만, 최충헌을 죽이려다가 실패하고 왕위에서 쫓겨나 강화도로 유배되었다가 죽었어요.
인천광역시 강화군 양도면 길정리에 있어요. ©박종진

무신 정권 아래서 일반 백성들은 어떻게 살았나요?

고려의 무신들은 18대 의종부터 24대 원종까지 100년 동안 여섯 명의 왕을 마음대로 바꾸면서 높은 관직을 차지하고 막강한 권력을 휘둘렀어요. 무신 정권기에는 노비도 많아졌고, 토지 제도도 무질서해져 백성들은 토지를 빼앗기고 그전보다 더 많은 조세를 내야 했어요. 백성들은 문신들로부터 차별을 받던 무신들이 권력을 잡은 것에 자극을 받아 자신들의 처지를 개선하기 위해 난을 일으켰어요. 특히 고려 사회에서 가장 많은 차별을 받던 향, 소, 부곡에 살던 사람들과 천민들이 적극적으로 난을 일으켰지요.

망이·망소이의 난 기념탑
대전 남선공원에 망이·망소이의 난을 기념하는 탑이 세워져 있어요. ⓒ홍영의

노비 만적은 왜 난을 일으켰나요?

만적은 최충헌의 노비였는데, 무신 정권기에 신분이 낮은 사람들이 출세하는 것을 보고 노비들을 모아 반란 계획을 세웠어요. 만적은 "장군과 재상의 씨가 따로 있겠는가. 때가 오면 누구나 다 할 수 있다. 주인의 매질 밑에서 더는 뼈 빠지게 일할 수 없다"며 노비들의 동조를 호소했지요. 그러나 중간에 계획이 누설되어 만적을 비롯한 100여 명에 이르는 노비들은 산 채로 강에 던져졌어요. 만적의 난은 실패로 끝났지만 노비들이 신분 해방을 꿈꿀 만큼 의식이 성장했다는 것을 보여 줍니다.

'소'에서 일어난 망이·망소이의 난

공주 명학소에서는 망이, 망소이 형제를 중심으로 난이 일어났어요. '소'에 사는 사람들은 일반 거주지의 백성들보다 훨씬 많은 조세를 내야 해서 살기가 어려웠어요. 그런데 무신 정변이 일어나고 권력을 잡은 무신들이 재산을 모으려고 백성들에게 조세를 더 내라고 하자 '소'에 사는 사람들은 참을 수가 없었어요. 이들은 고려 정부가 파견한 3천 명의 군대를 이길 정도로 기세가 대단했어요. 정부는 명학소를 일반 거주지인 충순현으로 올려 주며 회유하는 척하면서 다시 군대를 보내 망이, 망소이를 붙잡고 난을 진압했어요.

농민 봉기인 김사미의 난이 일어났던 청도 운문사
무신 정권기에 김사미는 농민들을 이끌고 경상도 운문(지금의 청도) 운문사를 거점으로 봉기했어요. 김사미가 이끄는 농민군은 운문산을 넘어 경주, 울산 지역의 사람들과 힘을 합치기도 했어요. 특히 초전(지금의 울산)에서 일어난 효심 세력과 함께 활약했고, 신라 부흥을 꾀하는 사람들과 뜻을 모으기도 했어요. 그러나 결국 정부군에 의해 진압되고 말았지요. ⓒ홍영의

고려 전기 송, 거란(요), 일본과의 외교 관계

고려의 이웃에는 어떤 나라들이 있었나요?

고려가 건국될 무렵 북방에는 거란족이 동아시아 세계의 새로운 강자로 등장하여 요나라를 세웠고, 중국 중원에는 한족 중심의 당나라가 망하고 송나라가 들어섰지요. 이렇게 고려 초에는 고려와 요나라, 송나라가 각축을 벌이는 국제 질서가 형성되었어요. 그러나 중기에 들어서면서 북방에서 요나라 대신 여진족이 세운 금나라가 고려와 송나라를 위협하게 되지요. 이어 13세기에는 몽골족이 등장하여 한바탕 전쟁터가 되었고, 고려 말 명나라가 원나라를 대신하여 패권을 잡을 때까지 고려는 오랜 세월 몽골 대제국인 원나라의 간섭기에 들어가게 됩니다.

거란은 왜 세 번이나 고려에 쳐들어왔나요?

거란은 993년부터 1019년까지 약 30년에 걸쳐 고려를 세 번이나 쳐들어왔어요. 처음에는 자신들이 고구려 땅의 주인이니 고구려 땅을 내놓으라며 침입했어요. 이때 고려는 서희의 활약으로 오히려 압록강 동쪽의 강동 6주를 얻을 수 있었지요. 두 번째는 강조라는 신하가 목종을 내쫓고 새로운 왕으로 현종을 앉히자, 거란이 임금을 죽인 강조에게 벌을 주겠다는 구실로 쳐들어왔어요. 하지만 실제로는 고려가 성장하는 것에 위협을 느껴 강동 6주를 빼앗기 위해 침입한 것이었지요. 세 번째 침입도 강동 6주를 되찾기 위한 것이었어요. 2차 침입 때는 양규가, 3차 침입 때는 강감찬이 거란에 맞서 승리를 거두었지요.

서희가 거란과의 외교 담판으로 차지한 강동 6주
강동 6주는 압록강 하류와 청천강의 중간 지역으로 현재의 평안도 지역입니다. 고려의 국경선은 청천강에서 영흥까지였는데, 고려는 강동 6주를 차지한 후 압록강에서 영흥까지 영토를 넓힐 수 있었어요.

서희는 어떻게 말 한마디로 강동 6주를 얻었나요?
고려 성종 때 거란의 장군 소손녕이 대군을 이끌고 고려에 평양 이북의 땅을 내놓으라며 쳐들어왔어요. 고려는 거란과 싸울 준비가 되어 있지 않아서 거란이 원하는 땅을 떼어 주고 평화 협정을 맺어야 한다는 의견이 많았어요. 그러나 서희는 거란의 침략이 고려와 송나라의 관계를 끊기 위해서라는 것을 눈치 챘어요. 그래서 송나라와 관계를 끊는 대신 거란과 친하게 지내기 위해 거란으로 가는 길목인 압록강 동쪽 280리를 달라고 해서 받아 내고, 이곳에 강동 6주를 설치했지요.

강감찬 장군은 왜 유명한가요?

거란은 고려의 서희가 거란의 소손녕과 담판하여 차지한 강동 6주를 되찾기 위해 1018년에 10만 대군을 이끌고 고려에 쳐들어왔어요. 거란군은 개경 근처까지 진격해 왔지만, 강감찬 장군이 귀주에서 이들을 크게 물리쳐 살아 돌아간 거란군이 수천에 지나지 않았다고 해요. 강감찬은 고구려의 을지문덕, 조선의 이순신과 더불어 외적의 침입으로부터 나라를 구한 3대 영웅으로 손꼽힙니다.

강감찬 장군이 거란을 물리치고 세운 흥국사의 석탑
이 탑은 불상이 앉아 있는 연꽃 대좌 모양으로 기단을 장식한 특이한 작품이에요. 원래 5층탑이었는데 지금은 1층 탑신과 3개의 지붕돌만 남아 있어요. 기단부의 몸돌에는 강감찬 장군이 나라의 안녕과 평화를 위해 1021년에 탑을 세웠다는 기록이 있어요. 이 탑은 지금 개성의 고려박물관에 있어요. ⓒ박종진

강감찬이 태어난 곳으로 알려진 낙성대의 안국사
안국사는 강감찬의 영정을 모신 사당입니다. 안국사 뜰에는 탑신에 '강감찬 낙성대'라는 글이 새겨진 고려 시대 3층 석탑이 서 있어요. 이 탑은 근처 강감찬의 생가 터에 있던 것이라 합니다. ⓒ박종진

윤관 장군은 어떻게 여진을 물리쳤나요?

고려를 부모의 나라로 섬기던 여진이 세력을 키우면서 고려 국경을 자주 침범했어요. 1차 여진 정벌 실패 후 윤관은 뛰면서 싸우는 고려가 말을 타고 싸우는 여진을 도저히 당해 낼 수 없다고 생각했어요. 그래서 말을 타고 싸우는 기마병을 중심으로 한 특수 부대인 별무반을 만들어 여진을 정벌하고 동북에 9성을 쌓아 국방을 튼튼히 했어요.

동북 9성을 쌓은 후 경계비를 세우는 장면
이 그림은 고려 예종 2년(1107)에 윤관과 오연총이 지금의 함경도 일대의 여진족을 정벌한 뒤 9성을 쌓고 고려의 땅이라고 새긴 비를 세운 일을 그린 것입니다. 위쪽의 큰 군막 속에 있는 장군이 윤관입니다. 고려대학교박물관 소장.

몽골은 왜 고려에 쳐들어왔나요?

13~14세기는 빠른 기마병과 뛰어난 활쏘기 기술을 갖춘 몽골이 세계를 정복해 가던 시기였어요. 고려는 1218년에 평양 근처의 강동성에서 몽골군을 처음 만났어요. 몽골군에 쫓겨 고려 땅에 들어온 거란족과 싸우던 고려는 자연스럽게 몽골군과 힘을 합치게 되었지요. 거란을 물리치고 나서 고려는 몽골과 형제의 맹약을 맺게 되었어요. 그러나 몽골은 사신 저고여의 사망을 핑계로 1231년에 고려의 국경을 넘어 침입했어요. 이후 무려 일곱 차례에 걸친 몽골군의 침입으로 고려는 오랜 세월 힘겨운 싸움을 하게 됩니다.

대만 고궁박물원에 있는 칭기즈 칸의 초상

고려는 왜 강화도로 도읍을 옮겼나요?

고려는 몽골의 1차 침입 후인 1232년에 강화도로 도읍을 옮겼어요. 최고 권력자였던 무신 최우는 개경과 가까운 큰 섬인 강화도로 도읍을 옮겨 기병 중심인 몽골군의 공격을 막아 내려고 했어요. 최우는 도읍을 옮기는 것이 권력 유지에도 도움이 된다고 생각했지요. 고려가 강화도로 도읍을 옮긴 후 고려군과 백성들은 몽골군에 맞서 끈질기게 싸웠지요. 용인의 처인성 전투에서 김윤후가 몽골 장군 살리타를 활로 쏘아 쓰러뜨리자 몽골군은 철수하기도 했어요. 하지만 전쟁이 오래 이어지면서 고려가 입은 피해는 눈덩이처럼 커졌어요.

처인성 전투의 승리를 기리는 비
1232년 처인성 전투에서 세계를 제패한 몽골의 사령관 살리타가 고려의 승병장 김윤후의 화살에 맞아 전사했어요. 이 사실은 원나라의 역사서인 《원사》 고려전과 《고려사》에 기록되어 있지요. 살리타의 죽음으로 몽골의 2차 침입은 실패하고 말았어요. 이 비는 경기도 용인시에 있는 토성인 처인성에 세워져 있어요. ⓒ박종진

강화도의 고려 궁터
고려가 강화로 도읍을 옮긴 38년간 사용된 고려 궁궐이 있던 자리예요. 《고려사절요》에 따르면 최충헌의 아들 최우가 규모는 작지만 개경의 궁궐과 비슷하게 궁궐을 짓고 궁궐의 뒷산 이름도 '송악'이라 했다고 합니다. 그러나 이곳은 구체적인 자료가 확인되지 않았기 때문에 궁궐의 중심 구역이 아니라는 의견도 있어요. 사진에 보이는 왼쪽 건물은 조선 시대 강화유수부 건물이고, 오른쪽은 최근에 복원한 외규장각 건물입니다. ⓒ박종진

삼별초는 왜 저항했나요?

1270년에 고려 정부는 몽골의 요구대로 도읍을 다시 개경으로 옮기기로 결정하고 삼별초를 해산했어요. 몽골과의 전쟁에 앞장섰던 삼별초는 이에 반발하여 군대를 일으켰어요. 삼별초는 새로운 정부를 내세우면서 진도 용장산에 성곽을 쌓고 궁궐을 지었으며 일본에 사신을 보내기도 했어요. 1년 가까이 버티던 삼별초는 고려 정부군과 몽골군의 공격으로 진도 용장성이 함락되자 탐라(제주도)로 옮겨 1273년까지 싸웠어요. 몽골에 끝까지 저항한 삼별초의 정신은 지금도 우리에게 전해지고 있어요.

삼별초가 쌓은 진도 용장산성 안의 궁터
용장산성은 개경으로 돌아간다는 고려 정부의 결정에 반발하여 삼별초가 몽골에 대항하기 위해 진도에 쌓은 성입니다. 지금은 용장산 기슭에 성벽이 부분적으로 남아 있고, 성안에 용장사가 있던 절터와 궁터가 남아 있어요. ⓒ박종진

항파두리 유적에 남아 있는 화살 맞은 돌
항파두리 유적에는 삼별초군이 활쏘기를 연습할 때 과녁으로 사용했다고 전해지는 화살 맞은 돌이 있어요. ⓒ박종진

삼별초는 어떤 군대인가요?
'별초'는 용사들로 조직된 선발군이라는 뜻이에요. 원래 삼별초는 무신 정권이 만든 군사 조직으로 '야별초'라는 이름으로 시작했어요. 그 뒤 군대 수가 늘어나 우별초, 좌별초로 있었는데, 적의 포로였다가 탈출한 병사 조직과 합해서 삼별초가 되었어요. 삼별초는 무신 정권의 사병이었지만 몽골군과 싸울 때 선두에서 용감하게 싸웠어요. 몽골과 강화한 후에는 고려의 개경 정부와 몽골의 연합군에 대항하여 싸웠지요.

삼별초의 근거지였던 제주도 항파두리성
고려 정부군과 몽골군의 연합 공격으로 진도 용장성이 함락되자 삼별초는 지금의 제주도인 탐라로 옮겨 저항을 계속했어요. 이때 저항의 근거지로 삼기 위해 쌓은 성이 항파두리성입니다. 외성과 내성의 이중으로 이루어진 성인데, 지금은 외성의 일부만 남아 있어요. ⓒ박종진

고려는 왜 원나라의 부마국이 되었나요?

고려는 몽골(원나라)과의 전쟁을 끝낸 후 80여 년 동안 원나라의 간섭을 받아야 했어요. 고려의 국왕은 어린 시절을 원나라에서 보내고 원나라 공주와 혼인해야 했어요. 원나라의 부마국(사위의 나라)이 된 후 고려 왕들에게는 원나라에 충성한다는 뜻의 '충' 자를 붙여 '충렬왕', '충선왕'이라 했어요. 또 황제보다 낮은 제후를 부르던 '왕' 호칭을 쓰게 했지요. 몽골이 고려를 부마국으로 삼은 것은 몽골에 가장 끈질기게 저항한 나라가 고려였기 때문이에요. 그래서 고려는 몽골이 정복한 다른 나라들과 달리 나라를 계속 유지할 수 있었고 고려의 풍속도 보존할 수 있었어요.

원나라의 부마가 된 공민왕
충숙왕의 아들인 공민왕도 다른 고려의 왕자들처럼 열한 살에 원나라에 가서 교육을 받고, 원나라 왕실의 노국대장공주와 혼인하게 되었어요.
국립고궁박물관 소장.

딸을 공녀로 바친 왕족 부인의 묘지명
고려의 왕족이었던 수령옹주는 하나뿐인 딸을 원나라에 공녀로 보내고 나서 슬퍼하다가 죽었다고 해요. 당시 공녀 징발에는 왕족의 자식도 예외일 수 없었음을 보여 주는 예입니다.
국립중앙박물관 소장.

원나라는 고려에 무엇을 요구했나요?

고려 백성들은 두 차례에 걸친 원나라의 일본 침략을 위해 배와 식량, 무기를 대야 했고 지원군과 선원으로 끌려갔어요. 매년 금, 은, 모시, 인삼 같은 특산물을 원나라에 바치는 것도 백성들의 몫이었어요. 그중에는 매사냥에 쓸 고려의 날쌘 매와 고려의 여인(공녀)도 포함되어 있었어요. 한편 원나라와 교류가 많아지면서 풍속과 학문 등 문화적 교류도 이루어졌어요. 몽골식 머리 모양과 옷차림 등 몽골풍이 고려 사회에 유행했고, 고려의 옷과 신발, 장신구가 원나라에서 유행하여 '고려양'이라는 말도 생겨났지요.

일본과 싸우는 고려와 원나라의 연합군
이 그림은 고려와 원나라 연합군의 일본 정벌을 기록한 일본 그림이에요. 1273년 삼별초 토벌을 끝낸 뒤 고려는 원나라의 강요에 마지못해 두 차례 일본 정벌에 나서야만 했어요.
국립제주박물관 소장(복제품).

공민왕은 원나라에 어떻게 대응했나요?

원나라의 부마국이 된 뒤 고려는 정치가 어지러웠고 나라의 살림살이도 어려워졌어요. 충숙왕의 아들 기(전)는 다른 고려 왕자들처럼 어려서 원나라에 가서 살다가 원나라 왕실의 노국대장공주와 혼인하게 됩니다. 그가 바로 공민왕입니다. 공민왕은 고려의 어려움을 해결하기 위해 원나라의 간섭을 물리쳐야 한다고 생각했어요. 그는 먼저 몽골식 머리 모양과 옷을 벗어 던지고, 1356년에는 원나라에 빌붙어 있던 사람들을 제거했습니다. 그리고 몽골이 차지하고 있던 쌍성총관부를 되찾은 데 이어 원나라의 연호 사용을 중지하고 정치 제도를 개편했습니다.

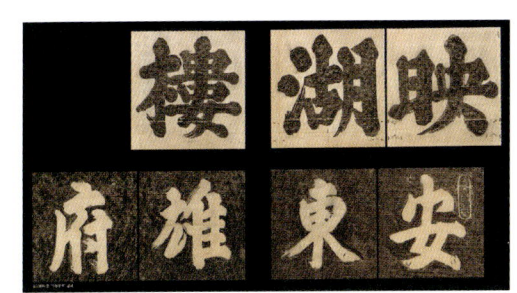

공민왕이 쓴 안동 영호루 현판(위)과 안동웅부 현판(아래) 글씨
이 글씨는 공민왕 10년(1361)에 홍건적의 침입을 피해 안동으로 피난 갔던 시기에 쓴 것으로 전해집니다. 위의 사진은 현판의 글씨를 탁본하여 첩으로 만든 것입니다. 국립중앙박물관 소장.

공민왕과 노국대장공주의 능
사진 왼쪽에 보이는 것이 공민왕의 현릉이고 오른쪽이 노국대장공주의 정릉입니다. 현릉과 정릉의 널방 사이 벽에 문이 새겨져 있고 그 밑에 네모난 구멍이 있어 두 널방의 연결을 표시했는데 혼이 오갈 수 있도록 배려한 것이라는군요. 제일 위의 봉분 아래로 여러 층을 구성하면서 조각과 시설을 적절히 배치하여 장엄한 분위기를 냈어요. 문인석과 무인석을 구별하여 세운 점은 나중에 조선의 왕릉 제도에 큰 영향을 끼쳤다고 해요. ⓒ박종진

고려 군사
옆에 털을 댄 투구와 검은 군화를 신고 있어요.

원나라 군사
목 앞을 가리는 투구와 무늬가 있는 군화를 신고 있어요.

공민왕릉의 문신석과 무신석
ⓒ박종진

고려는 어떻게 멸망하게 되나요?

고려 말에 공민왕은 권세를 부리던 사람들이 불법으로 빼앗은 토지를 백성들에게 돌려주고, 강제로 노비가 된 사람에게 양인의 신분을 되찾아 주는 등 개혁 정치를 펴 나갔어요. 그러던 공민왕이 피살되자 고려 사회는 혼란에 빠졌어요. 당시 왜구와 홍건적을 토벌하며 명성을 떨치던 이성계와 최영은 횡포를 일삼던 세력을 제거하고 정국을 장악했어요. 최영은 온건 개혁파의 지지를, 이성계는 불우한 처지의 북방 무인들과 급진 개혁파 정도전 등의 지지를 받으면서 경쟁했어요. 이 과정에서 고려 왕조를 지키려던 충신 최영이 이성계를 비롯한 무인 세력에 의해 살해되고 이성계가 실권을 장악하면서 고려는 멸망의 길을 걷게 되었지요.

이성계는 왜 위화도에서 군사를 돌렸나요?

원나라의 뒤를 이어 중국을 통일한 명나라가 철령 이북의 땅을 자기 영토로 삼겠다고 일방적으로 통보하자 최영은 요동 정벌을 주장했어요. 이성계는 요동을 정벌할 수 없는 네 가지 이유를 내세우며 반대했지만, 우왕은 최영의 건의를 받아들여 이성계에게 요동 정벌의 지휘를 맡겼어요. 억지로 군대를 이끌고 나선 이성계는 압록강 중간에 있는 위화도에서 군대를 돌려 개경으로 진격하여 반란을 일으켰지요. 이성계는 최영을 죽이고, 우왕을 귀양 보낸 뒤 9세의 창왕을 새 임금으로 세웠습니다. 나이 어린 왕은 허수아비에 불과했고, 이성계는 모든 실권을 장악하고 조선을 세우는 기반을 닦았습니다.

고려 왕조에 충절을 지킨 이색(위)과 정몽주(아래)의 초상
이색과 정몽주는 당대 최고의 학자이자 정치가로 두문동 학사들을 포함한 수많은 문생을 거느리고 있었어요. 이색은 공민왕 때 개혁의 중심에 선 인물이었으나, 이후 정도전과 이성계의 방식에 반대하여 탄압을 받다가 조선 건국 후 유배되어 죽게 됩니다.

이성계가 전쟁을 반대했던 네 가지 이유
1. 작은 나라인 고려가 큰 나라인 명나라를 공격하는 것은 무리입니다.
2. 여름철에 전쟁을 일으키면 백성들이 농사를 짓지 못해 나라에 피해가 큽니다.
3. 북쪽의 요동을 공격하는 동안 왜구가 침략해 올 것입니다.
4. 덥고 비가 많은 장마철에는 활도 잘 쏠 수 없고 전염병이 생겨 전쟁하기 어렵습니다.

고려 말의 명장 최영의 묘
최영은 황금 보기를 돌같이 하라는 아버지의 유언을 평생토록 지켰다는 것으로 유명하지요. 고려 말 여러 차례 왜구를 물리치고 반란을 평정하는 데 큰 업적을 세운 최고의 장군입니다. 최영의 묘는 경기도 고양시 덕양구 대자산 기슭에 있어요. ⓒ홍영의

고려가 망한 후 충신들은 어떻게 되었나요?

이성계는 새로운 왕조를 열려는 사람들과 손잡고 조선을 세우게 됩니다. 조선 건국에 반대하던 72명의 유학자들은 개경 서쪽에 있는 만수산 두문동에 들어가 고려에 한결같은 충성을 다짐했어요. 이성계는 두문동에 불을 지르면 놀라서 나올 것으로 생각했지만 이들은 뜨거운 불길 속에서 나오지 않고 그대로 죽어 갔지요. 여기서 '두문불출'이라는 말이 나왔어요.

정몽주가 최후를 맞이한 선죽교
이성계의 아들 이방원은 고려 왕조의 충신 정몽주를 자신들의 편으로 끌어들이려고 하였지만 정몽주가 고려를 배반할 뜻이 없음을 알고 선죽교에서 살해했어요. 본래 선죽교는 왼쪽 난간 아래의 돌다리인데 조선 후기 정몽주의 후손들이 다리를 보호하기 위해 사람들이 다니지 못하게 난간을 세우고 오른쪽에 새로운 다리를 만들었다고 해요. ⓒ박종진

고려를 알려면 어떻게 해야 하나요?

고려의 역사는 조선 전기에 왕명에 따라 학자들이 편찬한 《고려사》와 《고려사절요》에 잘 기록되어 있어요. 고려의 도읍이었던 개성이나 강화도 등 유적지를 답사하면서도 고려를 공부할 수 있어요. 또 국립중앙박물관이나 강진 청자박물관, 난파선과 해양 유물이 전시된 목포의 국립해양문화재연구소에서 고려의 중요한 유물들을 만나 볼 수 있어요.

고려 마지막 왕인 공양왕의 능
경기도 고양시 덕양구 원당동에 공양왕릉이 있습니다. 공양왕은 가족과 함께 원주로 유배되었다가 삼척에서 살해됩니다. ⓒ박종진

고려 왕궁이 있던 개성 만월대 유적을 조사하고 있는 남북한 학자들
ⓒ박종진

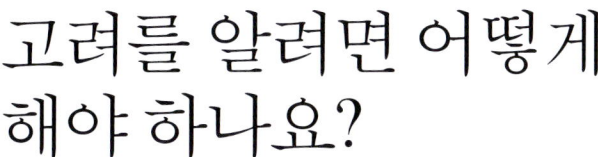

고려사 연구의 기본 자료인 《고려사》와 《고려사절요》

우리 역사상 처음으로 진정한 통일 국가를 이룬 고려

◆ **고려는 한반도에서 처음으로 진정한 통일 국가를 이루었습니다**

왕건은 918년에 고려를 세운 뒤 936년에 마침내 후삼국을 통일합니다. 고려의 후삼국 통일은 신라의 삼국 통일과 달리 외세의 도움 없이 이루어진 것이었고, 발해 유민들까지 받아들이며 이룬 진정한 통일이었지요.

고려는 중국 주변의 다른 나라들처럼 중국의 책봉을 받기는 했지만 스스로를 황제 나라로 불렀어요. 도읍인 개경을 황제가 사는 도읍이란 뜻에서 '황도' 또는 '황성'이라고 했고, 고려의 왕은 황제만이 입을 수 있는 '황포'를 입었어요. 또한 고려는 독자적인 세계를 상징하는 연호를 사용하기도 했고, 특히 팔관회를 열어 고려의 백성뿐만 아니라 송나라 · 여진 · 탐라 사람들의 하례를 받았습니다. 고려가 황제의 나라에 걸맞은 격식을 갖추고 있었던 점은 조선과 다른 고려의 특성이기도 합니다.

고려 지방 세력의 힘을 나타내는 파주 용미리 석불 입상

고려는 돌로 만든 거대한 불상을 많이 남겼어요. 이 불상 외에 논산 관촉사 은진미륵, 안동 제비원 석불도 신라 시대에 만든 것보다 훨씬 크고 투박한 모습을 하고 있어요. 이런 거대한 불상은 개경보다는 지방에서 많이 만들어졌어요. 독자성을 가진 고려 지방 세력의 힘이 불상에 표현된 것이지요.
ⓒ박종진

◆ 고려는 다양한 문화를 꽃피웠습니다

태조 왕건이 불교를 숭상한 이후 고려는 국가의 안정을 위해 여러 절을 짓고 국난을 극복하고자 대장경을 조판하는 등 국가적 불교 사업을 추진했어요. 연등회와 팔관회 등의 축제가 열렸고, 각 지방에도 거대한 불상이 만들어졌습니다. 유교는 광종이 과거 제도를 실시하고 성종이 최승로의 시무책을 받아들여 국가의 통치 이념이 되면서 발전했지요. 한문학이 발달했고 《7대실록》, 《삼국사기》, 《삼국유사》 등의 역사 편찬도 활발히 이루어졌으며, 인쇄술이 발달하여 세계에서 가장 오래된 금속 활자본을 남기기도 했지요. 유교가 발전하면서 귀족 문화도 발달하여 고려청자와 같은 세계적인 명품이 탄생했어요. 이렇게 고려는 불교뿐만 아니라 유교, 도교, 풍수지리, 민간 신앙을 두루 받아들여 풍요로운 정신세계를 이루었고, 다양한 문화를 꽃피웠지요.

◆ 고려는 세계 속에 '코리아'를 알렸습니다

우리나라가 '코리아'라는 이름으로 세계에 알려진 것은 활기차게 대외 무역을 한 고려 시대부터입니다. 개경의 서쪽을 흐르는 예성강가의 벽란도는 물길을 타고 개경으로 들어오는 배들이 모여드는 중요한 항구였어요. 벽란도에는 중국 송나라 상인, 일본 상인뿐만 아니라 '대식국'이라고 불리던 아라비아의 상인들까지 북적였다고 해요. 벽란도를 가장 많이 찾아온 것은 송나라 상인들인데, 260여 년 동안 120여 차례에 걸쳐 최소 5천여 명이나 되었다고 해요. 그런데 '코리아'라는 이름을 세계에 알렸다는 아라비아 상인이 벽란도를 찾은 것은 세 차례만 확인됩니다. 기록을 찾을 수 없는 건지 아니면 아라비아 상인들이 고려에 직접 오지 않고 송나라 상인을 통해 고려와 무역을 했는지 의문이에요. 그러나 고려를 서양식으로 부른 '코리아(Corea)'라는 이름이 세계에 알려질 만큼 고려 수출품이 최고의 품질을 자랑한 것은 분명하지요.

	고려
10세기	918 왕건이 고려를 세우다.
	926 발해가 거란에 의해 멸망하다.
	936 고려가 후삼국을 통일하다.
	943 태조 왕건이 훈요십조를 전하고 죽다.
	950 광종이 연호로 '광덕'을 제정하다.
	956 노비안검법을 실시하다.
	958 과거 제도를 처음으로 시행하다.
	982 최승로가 성종에게 시무 28조를 올리다.
	992 국자감을 설치하다.
	993 거란의 1차 침입. 서희가 소손녕과 협상하여 강동 6주를 얻다.
	996 건원중보를 주조하다.
11세기	1010 거란의 2차 침입. 강조, 양규 등이 거란을 격파하다.
	1011 초조대장경을 조판하기 시작하다.
	1018 거란의 3차 침입.
	1019 강감찬이 귀주 대첩에서 거란을 격파하다.
	1024 대식국(아라비아) 상인들이 무역하러 오다.
	1032 《7대실록》을 편찬하다.
	1033 북쪽 국경에 천리장성을 쌓기 시작하다.
	1044 천리장성을 완공하다.
	1065 흥왕사가 완성되다.
	1066 거란이 국호를 '요'로 고치다.
	1068 최충이 9재학당을 세우다.
	1076 전시과를 다시 고쳐 정하고 관제를 개혁하다.
	1087 의천이 교정도감에서 초조대장경을 간행하다.
	1096 의천이 속장경을 조판하다.
	1097 주전도감을 설치하다.
12세기	1101 처음으로 은병을 사용하다.
	1102 해동통보를 주조하다.
	1107 윤관이 여진을 정벌하고 동북 9성을 쌓다.
	1109 9성을 여진에게 돌려주다. 국학에 7재를 두다.
	1123 남송의 사신 서긍 일행이 고려에 도착하다.
	1124 서긍이 《고려도경》 40권을 지어 바치다.

◆ 무신들의 정권이 백 년이나 계속되었습니다

고려 초기에는 무신들을 우대했지만, 후삼국 통일을 이루고 나라가 안정되면서 점차 문신들이 중심이 되어 정치를 해 나갔어요. 무신들은 아무리 뛰어나도 3품 이상의 관직에 오르지 못했고 군대의 최고 지휘권마저 문신들이 장악했어요. 우리가 흔히 장군으로 알고 있는 서희나 강감찬도 문신이었어요. 무신에 대한 차별은 갈수록 심해져 무신들은 불만을 품게 되었어요. 드디어 1170년 정중부를 비롯한 무신들이 난을 일으켜 이후 100년에 걸쳐 '무신 정권'의 시대가 계속되었어요. 정중부, 이의방, 이의민 등 무신들의 권력 다툼에 이어 최충헌의 최씨 집안이 대를 이어 60년 넘게 권력을 독차지했지요. 이후 원나라와 결탁한 원종이 문신들과 힘을 합쳐 무신 세력을 밀어내고 개경으로 돌아오면서 무신 정권 시대가 끝이 났어요. 무신 정권 시대는 왕권이 약화되고 정치·경제적 혼란이 계속되었지만 노비 만적의 경우에서 보듯이 백성들이 신분 상승에 대한 기대감을 저항으로 표출한 역동적인 시대이기도 합니다.

◆ 고려는 대제국 몽골의 압력도 물리친 자주적인 나라였습니다

고려에 무신 정권이 들어서고 지배층이 권력 다툼을 벌이는 사이에 몽골이 세운 원나라가 세계적인 대제국으로 성장하여 고려를 위협하게 되지요. 몽골은 40년 동안 무려 일곱 차례에 걸쳐 고려를 침입했어요. 고려는 강화도로 도읍을 옮기고 몽골군과 싸울 준비를 했고, 고려의 군대와 백성들은 몽골군에 맞서게 되었어요. 수령과 관리들이 모두 도망간 충주에서는 노비들이 몽골군을 물리쳤고, 용인의 처인성에서는 김윤후가 활을 쏘아 몽골 장군 살리타를 쓰러뜨리기도 했어요. 전쟁 중에 부처님의 도움으로 몽골군의 침략에서 벗어나고자 팔만대장경을 만들어 기원하기도 했지요. 원종은 몽골과 강화를 맺고 개경으로 돌아갔으나 삼별초는 계속해서 대몽 항쟁을 이어 갔어요. 제주도로 근거지를 옮기며 싸운 삼별초는 결국 고려 정부와 몽골의 연합군에 의해 진압되었고, 이후 고려는

	고려
12세기	1126 이자겸이 난을 일으키다.
	1129 서경에 대화궁을 완성하다. 묘청이 황제를 칭하고 연호를 쓸 것을 주장하다.
	1135 묘청이 서경에서 난을 일으키다.
	1136 서경을 함락하다.
	1145 김부식이 《삼국사기》 50권을 편찬하다.
	1170 무신 정변이 일어나다.
	1176 공주 명학소에서 망이·망소이의 난이 일어나다.
	1179 경대승이 정중부를 죽이고 정권을 장악하다.
	1184 이의민이 정권을 장악하다.
	1193 이규보가 '동명왕편'을 짓다.
	1196 최충헌이 이의민을 죽이고 집권하다.
	1198 만적의 난이 일어나다.
13세기	1200 최충헌이 자신의 집에 도방을 설치하다.
	1209 최충헌이 교정도감을 설치하다.
	1219 고려·몽골 연합군이 강동성에서 거란군을 물리치다. 최충헌이 죽고 아들 최우가 집권하다.
	1225 최우가 자신의 집에 정방을 설치하다.
	1231 몽골의 1차 침입. 살리타가 개경 근처까지 침입하다.
	1232 몽골의 2차 침입. 강화 천도. 김윤후가 처인성에서 몽골군을 격파하다. 초조대장경이 소실되다.
	1234 금속 활자로 《상정고금예문》을 간행하다.
	1235 몽골의 3차 침입.
	1236 강화에서 《고려대장경》을 만들기 시작하다. 이규보의 《동국이상국집》을 편찬하다.
	1238 몽골군에 의해 황룡사 9층 목탑 등이 불타다.
	1247 몽골의 4차 침입.
	1249 최우가 죽고 아들 최항이 집권하다.
	1253 몽골의 5차 침입.
	1254 몽골의 6차 침입.
	1255 몽골의 7차 침입.

원나라로부터 정치적 간섭을 받게 됩니다. 그러나 고려는 대제국 몽골에 가장 끈질기게 저항한 유일한 나라로 몽골이 정복한 다른 나라들과는 달리 계속 나라를 유지할 수 있었고, 고려의 풍습도 보존할 수 있었어요. 비록 몽골과의 전쟁에서 승리하지는 못했지만 고려는 역사의 뿌리를 단군 조선에 두고 우리 역사를 중국과 대등한 입장에서 서술한 일연의 《삼국유사》, 이승휴의 《제왕운기》를 남겼어요.

◆ **새로운 세력이 등장하면서 고려는 역사의 뒤편으로 물러납니다**

고려 31대 공민왕은 원나라가 약해진 틈을 타 원나라의 풍습과 관제를 없애고 원나라에게 빼앗긴 땅을 무력으로 되찾는 한편, 개혁을 추진했습니다. 공민왕의 개혁은 실패로 끝났지만, 개혁 과정에서 성균관이 강화되면서 '신진 사대부'라는 새로운 문신 세력이 등장합니다. 당시 홍건적과 왜구를 물리치고 백성들의 신망을 얻던 이성계도 신진 사대부와 뜻을 같이했어요. 이때 명나라에서 철령 이북의 땅을 차지하겠다고 통보해 오자 최영은 요동 정벌을 주장했습니다. 요동 정벌에 나섰던 이성계는 위화도에서 군대를 돌려 돌아와 최영 등을 제거하고 권력을 잡았습니다. 이성계는 우왕과 창왕 두 왕을 차례로 몰아내고 허수아비 왕으로 공양왕을 세웠지요. 그리고 고려 왕조에 충절을 지킨 정몽주를 죽인 후 공양왕마저 몰아내고 왕이 됩니다. 이로써 918년에 건국되어 1392년까지 약 500년간 지속된 고려의 역사는 끝을 맺게 됩니다.

고려의 뛰어난 공예 기술을 보여 주는 금동 대탑
국보 213호. 삼성미술관 리움 소장.

	고려
13세기	1257 최항이 죽고 아들 최의가 집권하다.
	1258 최씨 무신 정권이 몰락하다.
	1270 개경으로 환도하다. 삼별초가 진도로 옮겨 대몽 항쟁을 계속하다.
	1271 삼별초가 탐라로 이동하다.
	1273 고려와 몽골 연합군이 탐라의 삼별초군을 진압하다.
	1285 일연이 《삼국유사》를 편찬하다.
	1287 이승휴가 《제왕운기》를 짓다.
14세기	1356 공민왕이 쌍성총관부를 무력으로 되찾다.
	1359 홍건적의 1차 침입.
	1361 홍건적의 2차 침입. 공민왕이 안동으로 피난 가다.
	1363 문익점이 원나라에서 목화씨를 가져오다.
	1365 공민왕이 신돈을 등용하다.
	1366 신돈이 전민변정도감을 설치하고 개혁을 추진하다.
	1367 성균관을 증축하다.
	1369 이성계를 보내 동녕부를 공격하다. 원나라와 절교하다.
	1370 명나라의 연호를 사용하기 시작하다.
	1371 공민왕이 신돈을 죽이다.
	1374 공민왕이 피살되고 우왕이 즉위하다.
	1376 최영이 왜구를 토벌하다.
	1377 《직지심체요절》을 인쇄하다. 최무선의 건의로 화통도감을 설치하다.
	1388 이성계가 위화도 회군으로 정권을 장악하다. 우왕을 폐하고 창왕을 세우다.
	1389 박위가 대마도를 정벌하다. 창왕이 폐위되고 공양왕이 즉위하다.
	1390 이성계 등이 고려의 토지 문서를 불태우다.
	1391 과전법을 제정하다.
	1392 정몽주가 피살되다. 고려가 멸망하고 조선이 건국되다.

다양한 문화를 꽃피운 고려 1 '코리아'라는 이름은 어떻게 세계에 알려졌나요?

다양한 문화를 꽃피운 고려 ❶ 차례

건국, 의의
고려는 어떤 나라인가요?
고려의 영토는 어디까지였나요?
고려를 왜 황제의 나라라고 하나요?

도읍 개경
고려의 도읍 개경은 지금의 어디인가요?
개경은 어떤 모습이었나요?

정치 제도
고려는 처음에 왕권을 어떻게 강화했나요?
고려에서 나라의 중요한 일은 누가 결정했나요?
고려에서는 어떤 사람이 관리가 되었나요?

지방 행정
고려의 교통과 통신은 어떻게 이루어졌나요?
고려는 지방을 어떻게 나누어 다스렸나요?
고려의 지방 관리는 어떤 사람들이었나요?

국가 경제
고려에서는 조세를 어떻게 운반했나요?
고려의 특산품은 어디에서 생산했나요?
고려에서는 흉년이 들면 어떻게 했나요?

국제 무역
'코리아'라는 이름은 어떻게 세계에 알려졌나요?
고려는 어떻게 활발한 국제 무역을 할 수 있었나요?
고려는 어떤 물품을 수출하고 수입했나요?

다양한 종교
고려에는 어떤 종교가 있었나요?
유교는 고려에 어떤 영향을 주었나요?
풍수지리설을 내세워 도읍을 서경으로 옮기려 한 사람은 누구인가요?

불교
태조는 왜 개경에 많은 절을 지었나요?
어떤 사람이 승려가 되었나요?
승려가 된 왕자도 있나요?
고려에서는 승려도 높은 벼슬을 했나요?
고려의 절은 부자였나요?

그림
고려의 그림에는 어떤 것이 있나요?
고려의 그림은 어떻게 발전했나요?
고려에서는 어떤 그림이 가장 활발하게 그려졌나요?
고려의 그림 중 많이 남아 있는 그림은 무엇인가요?

불화의 세계
고려 불화 속에서 만나는 고려청자
불화에서 종교, 예술, 문화, 사회를 만나다

고려청자
고려청자는 왜 유명한가요?
송나라에서 천하의 명품으로 인정한 고려청자는 어떤 것인가요?
고려청자는 어디에 사용했나요?

역사, 문학
고려에서도 역사책이 나왔나요?
《삼국사기》와 《삼국유사》는 어떻게 다른가요?
고려 사람들도 시를 지었나요?

교육 제도
고려에는 어떤 학교가 있었나요?
국자감에서는 무엇을 배웠나요?
고려에는 사립 학교도 있었나요?